Frauen zwischen Straße und Strafe

Wenn Freiheit Obdachlosigkeit bedeutet

Petra Metzger
Christiane Niesel

Weissmann
Verlag

Herausgegeben im Weissmann Verlag
www.weissmann-verlag.de

1. Auflage 2025

Redaktion: Martin Stankowski
Lektorat: Astrid Roth
Alle Fotos: Petra Metzger
Foto Seite 43: Christiane Rath
Foto Seite 175: Christiane Niesel
Titel Objekt „Zuchthaus V“: Iris Stephan
Gestaltung: filter design | Stefan Flach
Schriften: Oddval & Sina Nova

Die Deutsche Nationalbibliothek verzeichnet diese Publikation in der Deutschen Nationalbibliografie. Detaillierte bibliografische Daten sind über https://katalog.dnb.de abrufbar.

ISBN 978-3-949168-13-0

Frauen zwischen Straße und Strafe

Wenn Freiheit Obdachlosigkeit bedeutet

Petra Metzger
Christiane Niesel

Oktober 2024, Neven-DuMont-Straße

März 2024, Neumarkt

Inhalt

Anstelle eines Vorworts

„Wer auf der Straße Zeitungen verkauft, ist nicht sozial schwach, sondern sozial stark."

Von Heribert Prantl

Drei Dutzend Straßenzeitungen gibt es heute in Deutschland. Eine der ersten war im Sommer 1992 der „Draußenseiter" in Köln, damals noch als „Bank-Express". In München war es zur selben Zeit der „Biss", in Hamburg bald darauf „Hinz und Kunz". „Biss" in München ist das Kürzel für „Bürger in sozialen Schwierigkeiten". Die Blätter, die unter diesen Titeln auf den Markt gebracht werden, legen Gewicht auf soziale Themen. Die Straßenmagazine in Deutschland sind also jetzt mehr als dreißig Jahre alt: Es sind Projekte, die den abgenutzten Namen „Hilfe zur Selbsthilfe" wirklich verdienen: Vom Verkaufserlös jedes Exemplares erhält die Verkäuferin und der Verkäufer die Hälfte.

Wenn es gut geht, erhält sie oder er auch – das ist die Besonderheit des Projekts in München – eine Festanstellung für den Verkauf und verdient zwischen 900 € und, das ist der absolute Spitzenwert, 3.100 € brutto im Monat; diese Spitzenverdiener verkaufen 1600 Zeitungsexemplare im Monat. Jede und jeder zweite der etwa hundert Verkäuferinnen und Verkäufer in München ist fest angestellt. So arbeiten sich die Armen heraus aus ihrer Armut: Wer zweimal hintereinander 400 Exemplare verkauft, bekommt das Angebot der Festanstellung.

So etwas zu schaffen, ist soziale Stärke. Es ist eine große soziale Stärke, jeden Cent umdrehen zu müssen und sein Leben so zu organisieren, dass man seine Würde behält. Sozial schwach ist es, wenn die, die viel Geld haben, die mit wenig Geld verachten.

Sozial schwach sind die, die es für eine Art Menschenrechtsverletzung halten, wenn sie vom eigenen Reichtum etwas abgeben sollen. Sozial stark ist eine Gesellschaft, die den Armen nicht nur Bett und Dach gibt, sondern ein Fortkommen aus der Armut bietet.

Das Leben ist nicht gerecht. Es beginnt ungerecht und es endet ungerecht, und dazwischen ist es nicht viel besser. Der eine wird mit dem silbernen Löffel im Mund geboren, der andere in der Gosse. Der eine zieht bei der Lotterie der Natur das große Los, der andere die Niete. Bei der einen folgt auf eine behütete Kindheit eine erfolgreiche Karriere. Den anderen führt sein Weg aus dem Scherbenviertel direkt ins Gefängnis. Der eine steigt die Karriereleiter behände nach oben. Der andere versucht das auch, stürzt aber ab. Die eine ist fleißig und bleibt auf der Erfolgsspur, der andere ist auch fleißig, fliegt aber aus der Kurve. Der eine hat Arbeit, die ihn zufrieden macht, der andere schreibt vergeblich hundert Bewerbungen und zerbricht daran. Bei der einen fügt sich fast alles, beim anderen fast nichts. Die eine hat ein Haus, eine schöne Wohnung, ein Auto; die andere hatte das auch – bis der Schicksalsschlag kam; die Krankheit, der Unfall, die Arbeitslosigkeit, die Zwangsräumung, die Sucht, die Depression, die Katastrophe.

Das Schicksal teilt ungerecht aus, und es gleicht die Ungerechtigkeiten nicht immer aus. Das Schicksal ist kein redlicher Schreiner, der die ungehobelten Unterschiede glättet; das Schicksal ist eher ein launischer Künstler. Es setzt das Messer an und schnitzt sehr unterschiedliche Leben. Wenn es einen guten Tag hat, kommt eine wunderbare Form dabei raus. Aber wehe, das Schicksal hat einen schlechten Tag. Dann passieren ihm Schnitzer, die ein Leben verunstalten. Manche Lebensläufe kommen einem so vor, als hätte das Schicksal gleich zu Beginn die Lust verloren, etwas Gescheites aus dem Holz zu machen. Dann muss es Hilfe geben, um dem Schicksal der Obdachlosigkeit und der Unbehaustheit, um der Armut und dem Elend zu entkommen. Das Gemeinwohl braucht den Sozialstaat; und es braucht die privaten Kümmerer, es braucht auch die Stiftungen und Vereine, die dieses Kümmern organisieren – so wie das die Straßenzeitungsprojekte machen.

2023

Einleitung

Von Petra Metzger

Jeden Tag liest und hört man, dass Wohnraum fehlt, vor allem bezahlbarer Wohnraum. Man kann es auch sehen, wenn man aufmerksam durch die Stadt geht, Menschen, die auf der Straße schlafen und betteln. Nicht nur ihre Zahl hat sich in den vergangenen Jahren spürbar erhöht, zudem sind die Nicht-Sesshaften vielfältiger geworden. Längst sieht man nicht mehr nur vereinzelt Männer mit Bart und zerzausten Haaren, die früher als „Penner, „Stadtstreicher" oder „Tippelbrüder" bezeichnet wurden, oder ausgerissene Jugendliche und Punks. Zwar dominieren Männer immer noch die Straßenszene, doch sieht man auch Flaschensammlerinnen mit Säcken voller Leergut und Frauen, die sich von weggeworfenen Fastfoodresten ernähren. Andere führen ihre Habseligkeiten in Rollkoffern oder Einkaufswagen mit sich, einige betteln still am Straßenrand, Abhängige lagern mit ihren Schlafsäcken in Geschäftseingängen und schnorren oder schlafen tagsüber völlig ungeschützt auf Gehwegen. Männer, Frauen und Kinder aus Osteuropa sind allein oder im Familienverbund mit Decken und zusammengerollten Matratzen in Einkaufsstraßen oder auf Spielplätzen anzutreffen.

„Heimat ist dort, wo es nicht egal ist, dass es mich gibt", dieses Zitat stammt von dem Sozialpsychologen Harald Welzer. Nirgendwo hingehören, heimatlos und damit buchstäblich egal zu sein, das ist die grundlegende Lebenserfahrung all der oben genannten Menschen.

Anliegen dieses Buches ist die Schilderung der Lebensumstände vor allem von Frauen, die sich zwischen Obdachlosigkeit und Kriminalität bzw. Kriminalisierung bewegen. Ihre Vergehen stehen in der Regel in Zusammenhang mit Suchterkrankungen: Verstöße gegen das Betäubungsmittelgesetz (BTM), Ladendiebstahl und sehr oft Leistungserschleichung – meist Fahren ohne Ticket.

Einige dieser Frauen in Köln haben Christiane Niesel erzählt, welche Ereignisse sie aus der Bahn geworfen haben, wie es ist, auf der Straße zu leben, welche Ängste sie haben, wie sich ihre Realität auf ihre Rolle als Mutter auswirkt, welche Erfahrungen sie mit dem Hilfesystem machen, worauf sie hoffen und – auch das gibt es – was ihnen ermöglicht hat, einen Neuanfang zu machen. Sie kommen selbst zu Wort, in Interviews, die auf der Straße, im Café, oder im Park geführt wurden. Es sind keine wissenschaftlich standardisierten Interviews, doch gerade die persönlichen Schilderungen erlauben Einblicke in Lebenswirklichkeiten, die vielen von uns verborgen sind. Die Gespräche reflektieren nicht nur Erfahrungen, sondern auch Ängste und Verwirrtheitszustände, die Suche nach Auswegen oder auch fehlende Handlungsfähigkeit.

Ihre Lebensläufe und Entscheidungen sollen weder bewertet noch entschuldigt werden. Vielleicht gelingt es jedoch, durch die Einblicke in ihren Lebensalltag und die vielfältigen Zusammenhänge von Armut, Sucht, Gefängnis, Bürokratie, gesundheitlichen Einschränkungen und Traumafolgen einen anderen, weniger gleichgültigen, sondern menschlicheren Blick auf diese Frauen am Rand der Gesellschaft zu richten.

Der öffentliche Raum

Die Fotos in diesem Buch wurden in den letzten drei bis fünf Jahren in Köln aufgenommen. Sie zeigen obdachlose Frauen, einige betteln, einige scheinen zu ruhen, einige schlafen. Die Gesichter sind nicht zu erkennen, bleiben anonym. Die Bilder halten Respektabstand.

Obdachlose sind sichtbar und bleiben doch unsichtbar, weil und wenn über sie hinweggesehen wird. Für Frauen gilt das noch mehr als für Männer. Wir sehen sie häufig an Häuserwänden, einer Mauer, in einer Geschäftspassage, ein wiederkehrender Hinweis auf einen letzten Versuch, „den Rücken frei" und Schutz zu haben, wie vergeblich das auch immer ist.

Ihr „zu Hause" ist die Straße, für uns der „öffentliche Raum", den wir selbstverständlich nutzen, weil wir immer auch einen privaten Raum haben. Für Architekten ist Raum die Gestaltung einer Höhle, ein Ort mit etwas drum herum. Für die Geografen ist Raum ein Gebiet. Aber öffentlich wird das alles erst, wenn jeder Zutritt hat. Diese Frauen leben zwar im öffentlichen Raum, aber nicht als das Andere vom Privaten Raum, den haben sie nicht.

Demokratie beginnt ja mit der Gründung der Stadt, der Straße, sie wird zum ersten öffentlichen Raum. Kein Zufall, dass im Mittelalter an Straßen oder Kreuzungen Recht gesprochen wurde. Öffentlicher Raum und Demokratie hängen zusammen.

Die Charta der allgemeinen Menschenrechte der UN hat im Artikel 25 festgelegt, dass „jeder Mensch Anspruch auf eine Lebenshaltung hat, die seine Gesundheit und Wohlbefinden einschließlich Nahrung, Kleidung und Wohnung ... gewährleistet". Fehlen diese Voraussetzungen fehlt das Menschenrecht. Wohnung ist ein Menschenrecht.

Die Frauen auf diesen Bildern leben auf der Straße. Ihnen wird ein Menschenrecht vorenthalten, die Wohnung, der private, der freie Raum. So ist der öffentliche Raum ihr Freiraum, oder er erscheint jedenfalls so. Denn wie frei sind sie, um einen Schlafplatz in einer Geschäftspassagen, neben einer Laterne oder auf einer Bank suchen zu müssen? Die Bilder zeigen ihre Not und belegen zugleich, dass Menschenrecht für sie nicht stattfindet.

August 2023, Minoritenkirche

Blick in die Geschichte

Zwischen Armenhaus und Arbeitshaus

Armut, Ausschluss aus der Gesellschaft, Leben ohne Obdach, Regelverstöße und Strafen – diese Phänomene sind seit jeher miteinander verflochten. Im Mittelalter und der Frühen Neuzeit wurden Menschen, die nicht in der Lage waren, für ihren Lebensunterhalt zu sorgen, durch fromme Stiftungen der reichen Bürger und christliche Almosen versorgt. Als sich nach und nach die Ansicht durchsetzte, Armut sei selbst verschuldete Not, wurde Betteln verboten und die Obrigkeiten mühten sich, arme und bettelnde Menschen aus dem Stadtbild zu vertreiben und in Einrichtungen wie die sogenannten Bettlerdepots zu verbannen.

Mit der einsetzenden Industrialisierung zogen mehr Menschen in die Städte, um sich dort als Tagelöhner und ungelernte Fabrikarbeiter durchzuschlagen. Wohnsituation, Ernährungslage und hygienische Verhältnisse waren katastrophal, die Sterblichkeit hoch. Das städtische Proletariat entstand. Für mehr Druck und Kontrolle sorgte das Reichsstrafgesetzbuch (RStGB) für das Deutsche Reich von 1871, in dem nicht nur Betteln geahndet wurde, sondern es drohten demjenigen bis zu zwei Jahren Arbeitshaft, der sich „dem Spiel, Trunk oder Müßiggang dergestalt hingibt", so dass er nicht mehr in der Lage war, für seinen Lebensunterhalt zu sorgen. Auch eine „Weibsperson, welche, polizeilichen Anordnungen zuwider, gewerbsmäßig Unzucht treibt" musste damit rechnen, eingesperrt zu werden – ebenso wie jemand, der aus „öffentlichen Armenmitteln eine Unterstützung empfängt, sich aus Arbeitsscheu weigert, die ihm von der Behörde angewiesene, seinen Kräften angemessene Arbeit zu verrichten." Die verschärfte Gesetzgebung folgte dem Grundsatz „Wer nicht arbeitet, soll auch nicht essen"

Im Jahr 1890 hatte Köln 282.000 Einwohner, 7.154 Menschen wurden über die Armenkasse versorgt – darunter 1.123 „alleinstehende Weibel". Arm oder kriminell – im Sinn der Gesetzgebung waren die Unterschiede nur marginal. Die Sanktionierung der Armut drängte Bedürftige weiter an den Rand der Gesellschaft.

Vom Umgang mit gesellschaftlichen Außenseitern

In der Folge der Weltwirtschaftskrise 1929 verloren viele Menschen nicht nur ihre Arbeit, sondern auch ihre Wohnung. Mit der Verelendung ganzer Familien nahm die Zahl der Armutsdelikte zu. Die Nationalsozialisten „kümmerten" sich auf ihre Weise um das Problem. Für soziale Außenseiter wie Bettler, Obdachlose, Prostituierte, Alkoholkranke, aber auch alleinerziehende Mütter prägten sie den Begriff „gemeinschaftsfremd"; man betrachtete sie als dem „Volkskörper" nicht zugehörig, ja für diesen sogar schädlich. Nach Ansicht der

Nationalsozialisten handelte es sich nicht allein um eine Charakterschwäche, sondern man deutete solche „Asozialität" als angeborenen Makel. Diese biologistische Zuordnung rückte unangepasstes Verhalten in die Nähe einer Erbkrankheit.

Im September 1933 kam es zu Massenverhaftungen. Gemäß § 42d StGB griffen Polizei und SA in sogenannten „Bettlerrazzien" tausende Obdachlose auf der Straße auf oder holten sie aus Notunterkünften heraus. Im preußischen Meseritz, im heutigen Polen, wurde, wie die Tagespresse meldete, im Herbst 1933 „das erste Konzentrationslager für Bettler" eingerichtet. Von dort wurden sie nach kurzer Zeit in Arbeitshäuser überstellt, um sie durch den Zwang zur Arbeit zu „disziplinieren" und zu „nützlichen Mitgliedern der Gesellschaft" zu erziehen. Das betraf vor allem Menschen aus armen Verhältnissen. Es wurde nicht unterschieden zwischen Obdachlosen, Wanderarbeitern, Berufsverbrechern und fahrenden Musikern. Auch wer den Unterhalt für seine Kinder nicht aufbringen konnte, wer bettelte, obdachlos oder alkoholkrank war, wurde als „asozial" stigmatisiert und kriminalisiert und galt als „Ballastexistenz" und „Volksschädling".

Wie zuvor, befand man Frauen als „minderwertig", wenn sie unangepasst lebten. Hatten sie wechselnde Männerbekanntschaften oder gleichgeschlechtliche Beziehungen wurde ihnen ‚sexuelle oder sittliche Verwahrlosung' attestiert und/oder Prostitution unterstellt. Auch unehelich geborene Kinder und ehemalige Fürsorgezöglinge galten als unfähig oder unwillig, sich in die gesellschaftliche Ordnung einzufügen.

Im Dezember 1937 erhielt die Polizei erweiterte Kompetenzen durch den „Erlass über die vorbeugende Verbrechensbekämpfung". Ab 1938 wurde mit der „Aktion Arbeitsscheu Reich" die Grundlage geschaffen, Tausende Menschen, die als „gemeinschaftsfremd" etikettiert waren, in Konzentrationslager zu verschleppen. „Asoziale" Frauen wurden neben anderen Opfergruppen nach Ravensbrück in Brandenburg deportiert, wo sich eines der größten Frauen-Konzentrationslager befand. Kennzeichen der „asozial" gebrandmarkten Gefangenen war der „Schwarze Winkel". Es dauerte mehr als 75 Jahre, bis sie endlich am 13. Februar 2020 als NS-Opfergruppe anerkannt wurden.

In der neugegründeten Bundesrepublik griff man erneut auf die preußische Praxis zurück: Wer bettelte, wegen Landstreicherei aufgegriffen oder der Prostitution überführt wurde, musste ins Arbeitshaus, damit ihm oder ihr Gesetzestreue und eine geordnete Lebensführung beigebracht werde. Für das Ende dieser Institution sorgte das Bundesverfassungsgericht. Mit einem Urteil vom 18.07.1967 wurde die Möglichkeit untersagt, „Personen, die aus Mangel an innerer Festigkeit ein geordnetes Leben in der Gemeinschaft nicht führen können, unter bestimmten Voraussetzungen zwangsweise in einer Anstalt unterzubringen. […] Das menschenfreundliche Interesse, daß möglichst alle Mitglieder der Gemeinschaft ein geordnetes Leben führen, könne eine Freiheitsentziehung nicht rechtfertigen." In der Begründung schließlich hieß es, dass es weder um Schutz der Gesellschaft noch der Person gehe, sondern ausschließlich um die „Besserung" hin zu einem geordneten Leben. Das Fazit, „Der Staat hat aber nicht die Aufgabe, seine Bürger zu ‚bessern' und deshalb auch nicht das Recht, ihnen die Freiheit zu entziehen, nur um sie zu ‚bessern', ohne daß sie sich selbst oder andere gefährdeten, wenn sie in Freiheit blieben", hatte die Abschaffung der Arbeitshäuser besiegelt. Als letztes war noch bis 1968 die ehemalige Abtei Brauweiler im Rhein-Erft-Kreis in Betrieb.

Kölner Knäste: Bleche Botz und Klingelpütz

In der Nähe des Kölner Neumarkts, dort wo die Krebsgasse von der Schildergasse abzweigt, stand im 17. Jahrhundert das Klarissenkloster zu den heiligen Schutzengeln. Es wurde bald nach dem Einzug der Franzosen in die Stadt um 1800 säkularisiert und zum Civilgefängnis mit 320 Haftplätzen umgebaut. Nach zwei am Umbau beteiligten Handwerkern – Alexander Hittorf, der als Blechschläger den Spitznamen Blechen Alexander trug, und dem Maurer Johannes Botz – wurde die Haftanstalt im Volksmund „Bleche Botz" (blecherne oder Blech-Hose) genannt. Die Strafgefangenen waren Kriminelle, Schuldner, Untersuchungsgefangene, Transportgefangene und als „schwer erziehbar" eingewiesene Jugendliche. Sie waren in Gemeinschaftssälen mit 30 oder mehr Personen untergebracht. Allein nach Geschlechtern wurden die Insassen getrennt. Betten gab es nur für Kranke. Gesunde Häftlinge schliefen zu zweit auf einem Strohsack. Die hygienischen Verhältnisse waren entsprechend schlecht, die Ansteckungsgefahr hoch. Da dieses „Arrest- und Korrektionshaus" nach wenigen Jahrzehnten an seine Kapazitätsgrenzen stieß, entstand zwischen 1835 und 1838 am Hansaring ein neues Zentralgefängnis.

Das alte Gebäude an der Schildergasse wurde erneut umgebaut und diente dann als Kölns erstes Frauengefängnis mit immerhin 250 Plätzen. Aus dem Civilgefängnis war die „Königliche Straf- und Besserungsanstalt für weibliche Gefangene", kurz die „Weiberanstalt" geworden. Mit den räumlichen Erweiterungen 1848 erfolgte eine Trennung nach der Schwere der abzuleistenden Strafen. Zu den Haftgründen gehörten hauptsächlich Armutsdelikte wie Diebstahl und Prostitution. Frauen standen auch in dieser Zeit stärker unter Beobachtung, vor allem, wenn sie „herrenlos" waren, also ohne Mann lebten, was sie schnell in den Ruf eines unehrenhaften Lebenswandels brachte. Als Besserungsanstalt vertrat diese Ein-

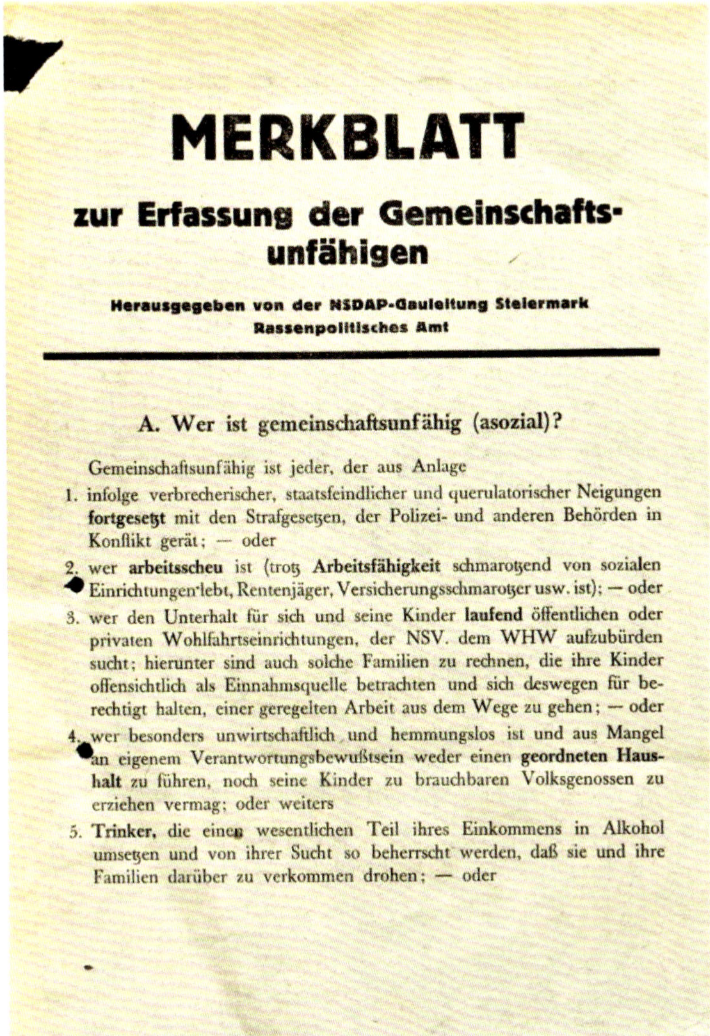

MERKBLATT

zur Erfassung der Gemeinschafts-unfähigen

Herausgegeben von der NSDAP-Gauleitung Steiermark
Rassenpolitisches Amt

A. Wer ist gemeinschaftsunfähig (asozial)?

Gemeinschaftsunfähig ist jeder, der aus Anlage

1. infolge verbrecherischer, staatsfeindlicher und querulatorischer Neigungen **fortgesetzt** mit den Strafgesetzen, der Polizei- und anderen Behörden in Konflikt gerät; — oder
2. wer **arbeitsscheu** ist (trotz **Arbeitsfähigkeit** schmarotzend von sozialen Einrichtungen lebt, Rentenjäger, Versicherungsschmarotzer usw. ist); — oder
3. wer den Unterhalt für sich und seine Kinder **laufend** öffentlichen oder privaten Wohlfahrtseinrichtungen, der NSV. dem WHW aufzubürden sucht; hierunter sind auch solche Familien zu rechnen, die ihre Kinder offensichtlich als Einnahmsquelle betrachten und sich deswegen für berechtigt halten, einer geregelten Arbeit aus dem Wege zu gehen; — oder
4. wer besonders unwirtschaftlich und hemmungslos ist und aus Mangel an eigenem Verantwortungsbewußtsein weder einen **geordneten Haushalt** zu führen, noch seine Kinder zu brauchbaren Volksgenossen zu erziehen vermag; oder weiters
5. **Trinker,** die einen wesentlichen Teil ihres Einkommens in Alkohol umsetzen und von ihrer Sucht so beherrscht werden, daß sie und ihre Familien darüber zu verkommen drohen; — oder

Die „homogene arische Volksgemeinschaft“ war das rassisitische Ideal des Nationalsoszialismus. Außen vor blieben Juden „Zigeuner“, Bettler, Arbeits- und Wohnungslose, die als asozial oder gemeinschaftsfremd stigmatisiert wurde. Erst 2020 erkannte der Deutsche Bundestag die als asozial Verfolgten als NS-Opfer an. (Merkblatt aus dem Dezember 1942)

richtung jedoch auch einen Erziehungsgedanken. Neben der Bestrafung sollten verwahrloste und/oder „sittlich gesunkene Personen“ vor allem durch Arbeit wieder an eine geordnete Lebensführung gewöhnt werden. Ein einziges Mal wurde dort eine Todesstrafe vollstreckt. Dazu hatte man extra eine Guillotine in den Hof des Gefängnisses gebracht. „Es war in der Frühe des 14. Oktober 1857, als ein junges Weib, Amalia F., den Gattenmord reumütig unter dem Fallbeil büßte.“

1904 hat man das Gebäude an der Schildergasse niedergelegt und an seiner Stelle ein neoromanisches Polizeipräsidium mit einem massiven Eckturm errichtet. Es wurde Sitz des Polizeipräsidenten und der Schutzpolizei sowie zwischen 1933 und 1935 auch der Gestapo, bevor diese das El-De-Haus bezog. Im März 1945 wurde das Gebäude durch Bombentreffer zerstört, allein der Turm stand noch bis in die 1950er Jahre.

Das preußische Zentralgefängnis am Hansaring, das nach seinem Standort am Klingelpütz diesen Namen übernahm, war ab 1834 als Zentralbau mit vier angegliederten Flügeln errichtet worden. Seine Anlage folgte modernsten amerikanischen Vorbildern. Neu war auch, dass die Gefangenen anhand ihrer Vergehen klassifiziert wurden.

- Correktionell Verurteilte beiderlei Geschlechts
- Inquisiten, d.h. solche, welche wegen Criminalverbrechen Justizarrest erhielten
- Untersuchungsgefangene wegen Vergehen
- Kinder, welche auf Verlangen ihrer Eltern eingesperrt werden
- Schuldner
- Gefangene, welche sich auf Transport befinden

Separiert wurden die Gefangenen zudem nach Geschlecht und nach ihrem sozialen Stand. Schon drei Jahrzehnte nach der Eröffnung reichten die 800 Plätze nicht mehr aus. Bis 1896 wurden in einem Neubautrakt zusätzliche 204 Haftplätze für Männer geschaffen und auch der in östlicher Richtung zur Klingelpützstraße gelegene Flügel, der als Frauengefängnis diente, wurde aufgestockt. Doch die Belegungsgrenzen wurden stets überschritten, zeitweilig waren dort annähernd 2000 Personen inhaftiert. Trotz einiger Kriegsschäden blieb der dortige Bau bis in die 1960er Jahre erhalten.

Bis zum Ende der NS-Zeit umfassten Gefängnisstrafen nicht allein den Entzug der Freiheit. Die Häftlinge fristeten ihr Dasein buchstäblich bei Wasser und Brot. Neben der Verhängung der Todesstrafe kam es vor, dass Wärter Häftlinge folterten und zu Tode prügelten. Mit dem Grundgesetz 1949 wurde die Todesstrafe abgeschafft. Doch noch über Jahrzehnte herrschte das Anstaltspersonal mit Härte und Gewalt, misshandelte und quälte Inhaftierte. Auch im Kölner Klingelpütz kam es zu mehreren Todesfällen nach Gewaltexzessen einiger Aufseher. Viele machten mit, andere schauten weg; gegen mehr als 130 Personen wurde ein Ermittlungsverfahren eingeleitet. Der Gefängnisdirektor und der leitende Arzt mussten ihren Dienst quittieren.

6 Schritte lang, 3 Schritte breit – Der neue „Klingelpütz“

1968 zogen die Gefangenen aus dem alten sternförmigen Ziegelbau am Hansaring in die neu errichtete JVA Ossendorf um. Im Volksmund ist der Name Klingelpütz für die JVA geblieben. Mit dem Bezug des Neubaus wurde nicht allein eine bauliche Zäsur vollzogen; man blickte auch anders auf den Strafvollzug und legte in den Haftanstalten zunehmend pädagogisches Bemühen an den Tag, um auf ein straffreies Leben in sozialer Verantwortung vorzubereiten. Der sozialtherapeutische Ansatz ging weg von Tat und Strafe und zielte auf einen grundlegenden „inneren Strukturwandel“ und der „Nachreifung“ der Persönlichkeit ab, so Dr. Gerhard Mauch, Anstaltsarzt in Hohenasperg 1970, im Gespräch mit dem SPIEGEL. Damit vollzog sich ein Schritt in Richtung Humanisierung des Strafvollzugs und doch blieben in vielen Strafanstalten die alten Zustände noch jahrelang erhalten.

Dann machte man gegenüber Insassen, die wegen minderschwerer Delikte verurteilt waren, Zugeständnisse. Erst wurde die Kontaktaufnahme in die Außenwelt erlaubt, dann Ausgänge, Hafturlaube und soziale Kontakte zwischen Gefangenen durch den Umschluss. Schließlich weitete man die Möglichkeiten des offenen Vollzugs aus, um die Wiedereingliederung in die Gesellschaft zu erleichtern. Dieser Resozialisierungsgedanke bestimmte die umfassende Strafvollzugsreform, die soziale Verantwortung und das gesetzestreue Leben als Vollzugsziele festschrieb. Das entsprechende Gesetz über den Vollzug der Freiheitsstrafe und der freiheitsentziehenden Maßregeln der Besserung und Sicherung, StVollzG, trat am 01.01.1977 in Kraft.

Zu diesem Zeitpunkt war der Gefängnisneubau in Ossendorf schon sieben Jahre in Betrieb. Das neue Gelände ist zehnmal größer als die Anlage am Hansaring. Die Größe der Zellen entspricht mit 8,5 qm jedoch etwa dem vorherigen Stand, aber die Anzahl ist gestiegen. Mehr als 1000 aus Beton gegossene Zellen befinden sich in den kammartig angeordneten Bautrakten. Darin sind Untersuchungshäftlinge, Verurteilte zu Jugendstrafen, Häftlinge im Erstvollzug und Regelvollzug, darunter Kurzstrafer (verurteilt zu weniger als sechs Monate) und Langstrafer untergebracht – getrennt in Männer- und Frauenhäuser – aber auch eine Kirche, Werkstätten, Wirtschaftsgebäude und Freistundenhöfe. Alles ist von einer rund 4,50 Meter hohen Mauer umschlossen. Ein einstöckiger seitlicher Trakt war als „Frauenpsychiatrie" deklariert. Darin gab es sechs Einzelzellen für eine besondere Haftpraxis, nämlich die soziale, räumliche und akustische Isolation der Gefangenen. 1971/72 erfuhr die Öffentlichkeit von dem „Toten Trakt" in der JVA Ossendorf sowie von der „Sonderbehandlung", der Astrid Proll, Gudrun Ensslin und Ulrike Meinhof über Monate ausgesetzt waren – mit dramatischen körperlichen und psychischen Folgen.

Von sieben futuristisch anmutenden Beobachtungskanzeln aus Sicherheitsglas hat man die Anlage im Blick, ausgestattet mit elektronischer Überwachungstechnik und Schießscharten für den Notfall. Statt wie üblich durch Gitterfenster blicken die Delinquentinnen und Delinquenten und durch stahlbewerte Betonwaben ins Freie. Sie galten 1969 als unüberwindbar, doch in der Praxis hielten Material und Konstruktion diversen Fluchtversuchen nicht stand. Auch hinsichtlich des liberalen Betreuungsvollzugs gab es inzwischen Rückschritte. Die monatlichen Besuchszeiten, das wöchentliche Sportangebot und die täglichen Freistunden wurden reduziert. Lebensmittel dürfen nicht mehr von Besuchern mitgebracht werden, nicht einmal ein selbst gebackener Geburtstagskuchen. Die Zunahme dieser Restriktionen ist teilweise der Personalsituation geschuldet, passt aber durchaus zum Wiederaufleben des autoritären Zeitgeists und populistischen Forderungen nach mehr und härteren Strafen. Die einst so moderne Anlage ist inzwischen völlig marode. Neben Personalknappheit und Drogenmissbrauch zählt der bauliche Zustand zu den größten Problemen der JVA Ossendorf.

Mai 2013, Rudolfplatz

„Ich will auch an morgen denken. Ich will lachen, ich will normal spazieren. Ich will ein normales Leben haben."

Interview mit Bella (23)

Bella ist 23 Jahre alt und stammt aus Italien. In gebrochenem Deutsch schildert sie ihre Lebensumstände. Sie nimmt Drogen – früher gelegentlich, inzwischen aber jeden Tag. 2022 musste sie vier Wochen in der JVA Köln-Ossendorf absitzen, nachdem sie bei einem Ladendiebstahl erwischt worden war und keinen festen Wohnsitz nachweisen konnte. Seit ihrer Haftentlassung „wohnt" Bella auf einem Parkplatz in Deutz.

Christiane: Du schläfst in einem Auto auf einem Parkplatz?
Bella: Ich schlafe auf einem Parkplatz ohne Auto, also auf dem Boden.

Das ist kalt.
Sehr kalt. Sehr kalt.

Wie bist du als Italienerin nach Köln gekommen?
Ich habe in Italien in einem Heim gewohnt, weil ich keine Eltern habe. Und als ich 18 Jahre alt wurde, kam ein Brief vom Gericht, und ich musste das Heim verlassen. Da habe ich einfach so, ohne Geld, ohne alles, einen Bus genommen von Catania bis Köln.

Warum?
Ich weiß nicht. Es war spontan. Ich habe nicht nachgedacht. Ich bin zum Bahnhof gegangen, habe den Bus gesehen und bin eingestiegen.

Wie hast du den Bus bezahlt?
Kein Geld. Ich habe mit dem Fahrer geredet. Meine Problem ... Ich habe ihm den Brief gezeigt, er hat alles gelesen. Dann er hat gesagt, „Du kannst mitkommen".

Und so bist nach Köln gereist. Hattest du hier eine Bleibe?

Nein, ich habe keine Wohnung gehabt. Ich bin nach Klettenberg gefahren. Ich weiß nicht, warum Klettenberg. Ich habe einfach so eine Straßenbahn genommen. 30 Minuten. Ja, ich bin da gegangen. Ich habe ein italienisches Restaurant gesehen, bin reingegangen. Und ich habe gefragt, ob ich helfen kann, ob der Besitzer eine Arbeit für mich hat. Der hat gesagt: „Ja, du kannst zu mir kommen" – also, zu Hause. Ich habe da also eine Woche Tellerwaschen gemacht. Aber der war kein guter Mann. Nach der Woche hat er gesagt, du kannst gar nicht machen. Warum bist du nach Deutschland gekommen? Ich habe alles erzählt, ich habe keine Familie, der weiß alles über mich. Und der hat das benutzt. Also danach.

Und dann? Du hast ja erzählt, du hattest eine Wohnung?

Ich bin weitergezogen. Klettenberg, Berlin, München, Prag, überall. Dann, ich habe im Internet nach Arbeit gesucht und eine Arbeit hier in Köln gefunden. Also ich bin hier nach Köln gekommen. Dann habe ich mit Drogen angefangen.

Wie lang ist das her? Wann hast du in Köln angefangen zu arbeiten? Und wann hattest du eine eigene Wohnung?

Vor drei Jahren bin ich nach Köln gekommen. Ich habe gearbeitet, aber dann auch Drogen genommen. Aber nicht so wie jetzt. Früher nur einmal in der Woche. Jetzt nehme ich sie jeden Tag. Also früher habe ich schon Drogen genommen, aber ich habe auch immer gearbeitet. Und ich hatte eine Wohnung in Ehrenfeld. Da habe ich nur ungefähr sechs Monate gewohnt, dann habe ich die verloren wegen Drogen.

Kennst du Hilfsangebote? Außer VISION, vor dem wir hier sitzen?

Ich kenne nur Jobcenter.

Hilft dir das Jobcenter?

Jobcenter hilft dir wegen Wohnung bezahlen.

Hat das Jobcenter deine Wohnung bezahlt?

Jobcenter hat bei mir Katastrophe gemacht. Ich habe nach Hilfen gefragt, Jobcenter hat mir einen Monat Geld geschickt, danach ich bin zu einem Termin nicht gegangen, hat das mir kein Geld mehr gegeben und ich habe keine Miete mehr bezahlen können.

Also du warst im Hilfebezug, als du eine Wohnung hattest, und sie haben das nicht bezahlt.
Wegen einem Termin, zu dem ich nicht gegangen bin.

Und daraufhin hat deine Vermieterin das Schloss ausgetauscht.
Genau. Ich habe drei Monate nicht die Miete bezahlt, weil Jobcenter hat mir kein Geld geschickt.

Was ist dann passiert?
Also ich bin in Knast gegangen wegen Klauen. Mit meinem Freund habe ich ein paar Flaschen geklaut. Security hat uns beobachtet, weil wir an diesem Tag schon mehrmals in diesem Supermarkt waren. Wir haben ein paar Flaschen eingesteckt, Security hat uns gesehen und hat Polizei angerufen. In dieser Zeit, ich hatte Wohnung, aber Stress, weil ich die Miete nicht bezahlt habe. Die Polizei hat gefragt, ob ich eine Adresse habe. Ja, habe ich gesagt. Polizei hat gesagt, wir müssen das prüfen. Wir gehen zu dir nach Hause, wo du deine Post bekommst und einen Schlüssel hast. Wir sind da hin gegangen. Meine Vermieterin hatte aber das Schloss gewechselt. Die Polizei hat gesagt: Deine Schlüssel passen nicht, das sind alles Lügen. Ich habe gesagt: Nein, wir können meine Vermieterin anrufen. Meine Vermieterin hat der Polizei gesagt: Sie hat nicht Miete bezahlt, deswegen habe ich das Schloss getauscht. Dann die Polizei hat mich mitgenommen und gesagt: Ab heute hast du keinen Wohnsitz. Du hast geklaut, du kommst in den Knast. Was dein Vermieter macht, ist legal. Du hast keine Wohnung, d.h., jetzt musst in Haft gehen.

Du wurdest beim Klauen erwischt. Dann ist die Polizei mit dir zu deiner Wohnung gefahren, doch wegen Mietschulden hatte der Vermieter das Schloss ausgetauscht. Und weil der Schlüssel nicht passte, hat die Polizei veranlasst, dass du ins Gefängnis kamst. Wegen Flaschenklau! Waren das Alkoholflaschen?
Ja, Jack Daniels. Alkohol.

Wie viele?
Ich denke, fünf ich und zwei mein Freund.

So bist du ins Gefängnis gekommen. Und würdest du etwas von deinem Gefängnisaufenthalt erzählen?
Ja, also, ich kam zuerst nach Kalk in die Polizeiwache. Das war sehr deprimierend, sehr traurig. Ich habe Angst gehabt in dieser Zelle. Es ist eine Zelle mit einer blauen Matratze. Keine Toilette. Du musst deine Pipi und Kacke, alles wie ein Hund machen in eine Toilette im Boden. Es gibt also keine Klo. Ist ekelhaft. Ekelhaft.

Warst du alleine in der Zelle?
Ja, bist du alleine. Du hast nur ein Licht. Alles ist zu. Kein Fenster. Nur eine Matratze, eine blaue Matratze. Und sonst nichts.

Wie lange warst du dort?
Zwei Tage. Ich war auf Heroin und habe Turkey gehabt, also Schmerzen und so. Ich habe nach Methadon gefragt, wollte Tabletten. Man hat mir gesagt: Nein, in Ossendorf kannst du was nehmen. Hier gibt es keine Medikamente.

Und dann kamst du nach Ossendorf.
Wie war deine Zelle dort?
Da ist es besser als Kalk. Wenn du in Kalk warst, ist alles besser. Dann ich war im Zimmer alleine, mit einem Bett und einem Tisch und ein Radio. Zweite Tag, gibt es Radio. Besser. Ja. Essen einmal am Tag. Den ganze Zeit schläfst du. Eine Stunde Zeit draußen gehen, mit Leute reden, also ein bisschen Kontakt haben. Die Kollegen [gemeint sind Mitgefangene, Anm. C.N.], waren sehr, sehr, sehr nett. Die haben mit mir geredet, gefragt, ob ich Hilfe brauche. Alle waren sehr freundlich mit mir. Sehr nett.

Und wie war das Personal, wie war es mit denen, die dir auf- und zugeschlossen haben?
Ja. Okay. Manche sind nett und manche interessiert gar nichts. Also manchmal du brauchst was, aber erst eine Stunde später kommt jemand zu dir. Es interessiert nicht, was du hast. Ja, manche zeigen Interesse, fragen wie geht es dir? Aber das ist ein Prozent. Vielleicht einer. Nur einer fragt, wie es geht.

Wie lang warst du da?
Vier Wochen lang, in Ossendorf. Und es ist niemand gekommen, der mit mir gesprochen hat.

Und seit drei Monaten lebst du auf dem Parkplatz? Was ist mit deinen Schlafsachen, werden die nicht geklaut? Sind die da sicher?
Ich habe keine Sachen.

Du brauchst doch eine Decke. Es ist kalt!
Sehr kalt. Ich habe nur eine Schlafsack. Ich teile das mit meinem Freund. Alle Leute, die auf der Straße schlafen, braucht das. Aber alle klauen. So ist das. Wenn du schläfst in Straße, du kannst alles gebrauchen, was du in Straße siehst. Alles ist wichtig.

Du bist also nicht alleine. Du hast einen Freund, der mit dir auf diesem Parkplatz lebt?
Ja, der ist mit mir. Aber der hat auch Probleme. Ich bin auch alleine. Also ich bin nicht immer mit ihm. Wenn der geht in Knast, dann bin ich total alleine. Wenn ich alleine bin, ist es ganz schwer. Und dann muss ich mich prostituieren und meinen Körper verkaufen. Aber wenn der ist mit mir, wir klauen. Das ist einfacher.

Was wäre für dich das Wichtigste, damit sich deine Lebenssituation ändert? Was müsste passieren, damit es dir besser geht?
Also ich muss erst mal aus den Drogenproblemen raus. Also Therapie machen. Eine normale Leben haben, ohne zu denken, ich weiß nicht, ob ich Essen habe oder nicht. Das ist jeden Tag immer eine Frage. Jeden Tag. Du weißt nicht, was passiert. Also, du lebst im Moment und ich will nicht nur im Moment leben. Ich will auch an morgen denken. Ich will lachen, ich will normal spazieren. Ich will eine normale Leben haben, eine Familie haben als Beispiel. Ich habe niemals eine Familie gehabt. Das will ich haben.

Ersatztherapie, also Tabletten nehmen, ich denke, das klappt bei mir nicht. Ich denke besser eine Therapie machen, drei Monate oder ein paar Monaten dableiben in einer Gruppe, mit Leuten gemeinsam. Weil, wenn ich alleine bin, das wäre ganz schlecht und ganz schwer für mich. Also ein paar Monaten Therapie machen wäre okay.

Du weißt, dass es Notschlafstellen gibt in Köln?
Ich habe gefragt. Habe ich Leute gefragt, ob sie mir helfen können. Die haben gesagt, wir haben hier keinen Platz, wir können dir nicht helfen. Passiert manchmal so.

[Es lässt nicht nachprüfen, ob alles stimmt, was Bella erzählt. Hat sie sich um Unterstützung bemüht und wirklich Notschlafstellen kontaktiert? Wurde sie dort abgewiesen? Gab es Verständigungsprobleme oder zieht Bella falsche Schlüsse aus dem, was ihr widerfährt? Man müsste länger mit ihr arbeiten, um diese Hintergründe zu verstehen.]

Juni 2022, Mülheimer Stadtgarten

Recht auf Wohnen

„Deutschland hat sich durch menschenrechtliche Verträge verpflichtet, allen Menschen das Recht auf Wohnen (als Teil des Rechts auf einen angemessenen Lebensstandard) zu gewährleisten. Auch aus dem Grundgesetz ergibt sich das Recht auf ein menschenwürdiges Existenzminimum, zu dem auch Wohnraum gehört (Art. 1 Abs. 1 GG iVm Art. 20 GG)."

Claudia Engelmann, Deutsches Institut für Menschenrechte

Recht auf Wohnen

Das Bundesministerium für Arbeit und Soziales (BMAS) hat im Dezember 2022 erstmalig einen Bericht zur Obdach- und Wohnungslosigkeit in Deutschland veröffentlicht. 262.600 Menschen, so heißt es darin, haben keine Wohnung. Von den Betroffenen sind zwei Drittel männlich und gut ein Drittel weiblich. Wohnungslos nennt man Menschen ohne mietvertraglich abgesicherten Wohnraum. Das bedeutet nicht zwangsläufig, dass sie im Schlafsack in Parks oder Hauseingängen schlafen. Wohnungslose sind in Notschlafstellen, Frauenhäusern oder Einfachhotels untergebracht, übernachten bei Freunden oder Verwandten (verdeckte Wohnungslosigkeit), oder leisten statt Miete Haushalts- oder sexuelle Dienstleistungen („Wohnungsprostitution"), sind in Langzeittherapien, leben im Betreuten Wohnen, in Behelfsunterkünften oder im Gefängnis.

Als obdachlos gilt, wer im Freien schläft oder in Hütten, Zelten, Abbruchhäusern oder jeglichen Verschlägen, die nicht zum Wohnen gedacht sind. Als dritte Kategorie hat der Deutsche Städtetag noch die Wohnungsnotfälle hinzugefügt. Damit sind diejenigen gemeint, die von Wohnungslosigkeit bedroht sind aber noch nicht zu einer der beiden vorgenannten Gruppen zählen; Menschen etwa, die aktuell in unzumutbaren Wohnverhältnissen leben.

In dieser Publikation folgen wir der üblichen Unterscheidung von wohnungslosen und obdachlosen Menschen. Man könnte viel weiter differenzieren, so wie es die European Federation of National Organizations working with the Homeless (FEANTSA) tut. Unter diesem Titel haben sich europaweit Verbände der Wohnungslosenhilfe zusammengeschlossen. Die FEANTSA hat die europäische Typologie für Obdachlosigkeit, Wohnungslosigkeit und prekäre Wohnversorgung (ETHOS) erstellt. Sie fasst Betroffene nach dem Spezifischen ihrer Situation zusammen, um so Ansatzpunkte für konkrete Hilfestellungen zu finden. Die Aufschlüsselung macht deutlich, wie komplex das Thema ist. Dazu tragen auch unterschiedliche Zuständigkeiten bei. Wohnungslosigkeit ist ein sozialpolitisches Problem, mit dem die Kommune umgehen muss. Obdachlosigkeit hingegen fällt in den Bereich Sicherheit und Ordnung.

Wer obdachlos lebt oder, wie auch gesagt wird, „Platte macht“, trägt den Vermerk „of W“, ohne festen Wohnsitz, im Personalausweis. Laut dem o.g. Bericht des BMAS von 2022 betrifft das in Deutschland 38.500 Personen. Weiter wird darin ausgeführt, dass es sich dabei meist um ein langfristiges Problem handelt. Und das, obwohl es vielfältige Maßnahmen zur Unterstützung der Betroffenen und zur Behebung der Wohnungsnot gibt.

Auch die COVID-19 Pandemie trug dazu bei, dass mehr Menschen ihre Wohnung verloren. Erwerbsgelegenheiten sind weggefallen, oft mussten Einkommenseinbußen hingenommen werden und ausbleibende Mietzahlungen führten zu Zwangsräumungen, wie Caren Lay, wohnungspolitischen Sprecherin von Die Linke, auf ihrer Webseite dokumentiert hat. „Niemand soll in der Pandemie seine Wohnung verlieren – das hörte man im ersten Lockdown 2020 häufig. Für 30.000 Haushalte galt dies nicht. 30.000 Zwangsräumungen im Pandemie-Jahr sind ein Skandal. Aus seiner Wohnung geworfen zu werden, kann in Zeiten von Corona lebensgefährlich sein. Es war ein verheerender Fehler der Großen Koalition, den Kündigungsschutz, den es im ersten Lockdown für Mieterinnen und Mieter mit Zahlungsverzug gab, nicht zu verlängern. Durch die Pandemie gerieten viele Menschen in Zahlungsverzug und konnten die Mieten offenbar nicht mehr stemmen.“ Mit Abstand die meisten Zwangsräumungen gab es 2020 in Nordrhein-Westfalen mit über 9.000, laut Caren Ley. Bis 2022 blieb die Zahl der Zwangsräumungen mit rund 30.000 pro Jahr auf diesem hohen Niveau. Doch auch nach Ende der Pandemie gelang es nicht, Wohnungslose wieder in reguläre Mietverhältnisse zu bringen, denn die Lücke zwischen den Plänen zur Bekämpfung der Wohnungskrise und der praktischen Bautätigkeit klafft weit auseinander. Im Koalitionsvertrag der Ampel-Parteien war der Neubau von jährlich

100.000 Sozialwohnungen und weiteren 300.000 frei finanzierten Wohnungen vorgesehen, doch diese Zielmarke wurde deutlich verfehlt. 2025 versprechen Union und SPD einen „Wohnungsbau-Turbo"; verzichten aber auf konkrete Zielmarken. Grundstückspreise, Löhne und Materialkosten steigen weiter, Fachkräfte zur Bauausführung fehlen, hohe Umweltstandards treiben Baukosten in die Höhe und bürokratische Hürden verlangsamen Planungsprozesse. Was tatsächlich gebaut wird, ist für weite Teile der Bevölkerung nicht zu finanzieren – als Eigentum schon gar nicht, aber auch nicht auf dem freien Mietwohnungsmarkt.

Die Angst vor Wohnungsverlust wächst

Aktuell kann Köln den Wohnungsbedarf der über 1.092.000 EinwohnerInnen (Ende 2022) nicht decken. Eine weitere Verschlechterung ist absehbar, denn für die Stadt ist zusätzliches Wachstum durch Zuzug prognostiziert. Die Schieflage wird noch deutlicher, zieht man die Zahlen der mit öffentlichen Mitteln geförderten Wohnungen heran. Für Menschen mit Wohnberechtigungsschein standen in Köln 1990 noch mehr als 100.000 Wohnungen zur Verfügung. Weil immer mehr Einheiten aus der Mietpreisbindung herausfallen und kaum Sozialwohnungen neu gebaut werden, liegt die Zahl aktuell bei etwa 38.000 und sinkt weiter. Die Gesamtzahl der Haushalte wird für Köln mit rund 560.000 angegeben. Fast die Hälfte (224.000 Haushalte) hat einen Anspruch auf eine Sozialwohnung. Doch was nutzt das Recht auf eine geförderte Wohnung, wenn es solche nicht gibt? Wer hohe Mieten zahlen kann, hat Auswahl und findet auch in Köln eine Wohnung. Da es insgesamt zu wenig Angebote gibt, ziehen die Mietkosten allerdings in allen Segmenten an. Die Steigerungen werden durch Neuverträge besonders angeheizt.

Weil der Wohnungsbau nicht nachkommt und die Mieten steigen, hat die Bundesregierung zum 1. Januar 2023 den Zugang zum Wohngeld reformiert. Mit dem Wohngeld-Plus-Gesetz ist die Zahl der Anspruchsberechtigten um ein Vielfaches gestiegen. Betrugen die Wohngeldleistungen 2021 noch 1,4 Milliarden €, liegen die Ausgaben nun bei über fünf Milliarden, die sich Bund und Länder teilen. Rund vier Milliarden Euro Steuermittel werden aufgewandt, nicht um die Mieten gering zu halten, sondern um die Forderungen der Wohnungsgeber, ob es sich um Privatleute mit einem oder mehr Mehrfamilienhäusern oder große Wohnungsbaugesellschaften handelt, zu erfüllen.

Für ein Haushaltsnettoeinkommen von 2.000 € ist der Bedarf groß, aber das Angebot verschwindend gering.

Mietkosten inklusive Nebenkosten, die das Jobcenter übernimmt, liegen in Köln bei 650 €. Dieser Mietrichtwert bildet die Angemessenheitsgrenze für 50 qm-Wohnfläche für eine Person. Gerade Wohnungen dieser Größe fehlen. Sie werden auch von den Studierenden gebraucht, deren Eltern nicht die überteuerten Mieten von Mikroapartments und Serviced Apartments zahlen können. (Bei den Serviced Appartments von Joyn etwa gibt es Räume ab 16 qm und Preise ab 1.500 €.) Auch das Angebot von möbliertem Wohnraum ist ein lukrativer Trend, den Mietspiegel auszutricksen. Und wo es noch günstige kleine Wohnungen gibt, leben darin oft Paare oder Familien, die lieber heute als morgen eine größere Wohnung beziehen würden, wenn sie denn eine bezahlbare Alternative fänden. Die Umzugsrate ist so niedrig wie kaum je zuvor. Dass die Wohnungssuche in Ballungsräumen wie Köln länger als ein Jahr dauert, ist eher die Regel als die Ausnahme. Das gilt nicht nur für Familien und Geringverdiener. Auch barrierearme und altersgerechte Wohnungen, die im Zuge des demografischen Wandels immer mehr gebraucht werden, fehlen. Wer ausziehen muss, hat schlechte Karten, zumal wenn Zeitdruck, besondere Bedarfe und/oder begrenzte Mittel zusammenkommen. Da die Mieten schneller steigen als die Gehälter, sind die Zukunftssorgen vieler Menschen berechtigt.

„Das Ausmaß der Spaltung zwischen denen, die sich sicher sein können, dass ihre Stimme zählt, und jenen, die von dem Gefühl beherrscht sind, dass es auf sie nicht mehr ankommt, befindet über das ‚gute Leben', das eine Gesellschaft ihren Mitgliedern ermöglicht. Wenn die vermittelnde Kommunikation zwischen denen, die drinnen sind, und denen, die draußen bleiben, abbricht, zerreißt die soziale Spaltung das Band des Zusammenlebens."

Heinz Bude, „Die Ausgeschlossenen. Das Ende vom Traum einer gerechten Gesellschaft"

Manchmal reicht eine Eigenbedarfskündigung, um einem Menschen den Boden unter den Füßen wegzuziehen. Gekündigt wird auch wegen Konflikten mit dem Eigentümer oder Sanierungsmaßnahmen mit anschließender Verteuerung. Immer häufiger trifft man auch auf aggressives Vorgehen von Investoren, die Mieter mit Altverträgen loswerden wollen.

Ein Hauptkündigungsgrund sind Mietschulden, die oft durch körperliche und psychische Krankheiten, Trennung oder Arbeitslosigkeit zustande kommen. Im Kölner Konzept zur Bekämpfung der Arbeitslosigkeit geht die Stadt davon aus, dass jährlich „mindestens zwischen 3.500 und 4.500 Mietverhältnisse“ bedroht sind. Wenigstens sind das die Fälle, von denen die Stadt im Vorfeld erfährt. Zwar gibt es präventive Hilfe, um Zwangsräumungen zu verhindern. Doch greifen diese Maßnahmen längst nicht in jedem Fall.

Das Fehlen bezahlbarer Wohnungen lässt die Obdach- und Wohnungslosenzahlen in allen Städten steigen. Und die Angst vor Wohnungsverlust wächst bis in die Mittelschicht hinein, wie Ende 2024 die Paritätische Forschungsstelle in ihrem Bericht zur Wohnarmut „Wohnen macht arm. Die Berücksichtigung von Wohnkosten macht ein bislang unsichtbares Ausmaß an Armut sichtbar“ (Berlin 2024) belegt. Darin wurde angeführt, wie viele Menschen als arm angesehen werden müssen, wenn man neben der Einkommenssituation auch die Aufwendungen für die Mietkosten heranzieht. Die früher gängige Regel, die Wohnkosten sollten ein Drittel des Haushaltseinkommen nicht überschreiten, hat längst ihre Geltung verloren. Von diesem Drittel sind in vielen Städten und Regionen keine Mietwohnungen mehr zu bezahlen. Je größer der Anteil von Mietkosten (zu dem noch steigende Energiepreise kommen), umso geringer sind die finanziellen Möglichkeiten. Von Wohnungsarmut betroffen sind vor allem Erwerbslose, Alleinerziehende und Menschen im Ruhestand.

Gleichzeitig stehen in Köln rund 14.000 Wohnungen leer, wie eine Analyse des Pestel-Instituts aus dem Jahr 2024 ergab. Da gibt es Fälle, in denen ein Umbau kurz bevorsteht oder die Eigentumsverhältnisse geklärt werden müssen. Wenn aber Wohnraum länger als sechs Monate ungenutzt bleibt, handelt es sich um Zweckentfremdung und kann geahndet werden. Oft ist Leerstand ein Mittel, um die Marktrendite zu steigern. Schließlich verteuert Knappheit das Angebot oder zunehmender Verfall erlaubt schließlich Abriss und Neubau mit wesentlich höheren Margen. Den Verfahren wegen Zweckentfremdung gehen aufwendige Ermittlungen voraus. Dafür sind im Wohnungsamt etwa ein Dutzend Mitarbeitende zuständig, die es pro Jahr schaffen, zwischen 400 und 800 Prüffälle abzuschließen.

Und auch bei anderem Zweckentfremdungen oder Fehlverhalten gibt es offenbar Möglichkeiten, sich dem aktuellen Regelwerk und seinen Sanktionen zu entziehen. Ein prominentes Beispiel aus der jüngeren Vergangenheit betrifft den 630 Wohnungen umfassenden Wohnpark Bayenthal. Die Vonovia (Eigentümerin bis 2022) hatte über Jahre 83 Wohnungen leer stehen lassen, was für das Unternehmen folgenlos blieb.

Und schließlich gibt es die Kurzzeitvermietung für Tage, Wochen, Monate. In Köln umfasst das Angebot über Internetplattformen an die 5500 Objekte. Seit Sommer 2022 müssen sie ordnungsrechtlich angemeldet werden. Wer seine Räume aber vorher schon auf diese Weise vermietet hatte, genießt Bestandsschutz.

„Das Gesetz macht alle auf erhabene Weise gleich: Es verbietet allen Menschen unter Brücken zu schlafen und Brot zu stehlen – den Armen ebenso wie den Reichen."

Anatole France

Wohnungslos in NRW und Köln

Die Wohnungsnotfallberichterstattung des Landes NRW veranschaulicht den dramatischen Anstieg der letzten Jahre. 2013 lebten noch weniger als 20.000 Menschen ohne Wohnung; von 2021 auf 2022 kamen 30.000 hinzu. 2023 wurde die Marke von 100.000 überschritten und 2024 hat NRW mit 122.170 Wohnungslosen einen Höchststand erreicht hat.

Von Jahr zu Jahr ist auch der Anteil der wohnungslos gemeldeten Frauen größer geworden. 2019 lag er noch unter 40 %. Im Jahr 2022 war mit 48,3 % das Verhältnis zwischen Männern und Frauen fast ausgeglichen. Die deutlichste Steigerung findet man bei den Wohnungslosen ab 65 Jahren. Im Jahr 2023 gab es mit 50,6 % überhaupt jemals in einer Gruppe mehr Frauen als Männer. In der Statistik wurden erstmalig 2022 explizit Personen „ohne Angabe des Geschlechts" ausgewiesen.

Köln belegt hinsichtlich der Wohnungslosenzahlen einen der vorderen Plätze in NRW. Zum 31.01.2023 wurden 11.735 Personen als wohnungslos gemeldet; darunter 8.594 Erwachsene (73 %) und 3.141 Kinder (27 %). Darunter sind viele Geflüchtete. Mit 4.000 Kriegsflüchtlingen kommt die größte Gruppe aus der Ukraine. Auch in den Vorjahren sind die Zahlen u.a. dadurch gestiegen, dass anerkannte AsylbewerberInnen und Menschen mit anerkanntem Flüchtlingsstatus von der Kommune untergebracht werden mussten. Diese Angaben weist das Kölner Konzept aus, mit dem sich die Stadt bemüht, „neue Ansätze zur Beseitigung von Wohnungs- und Obdachlosigkeit zu entwickeln", wie es im Untertitel des Papiers heißt, das in den Jahren 2023 und 2024 entwickelt wurde.

In dem o.g. Bericht fehlen jedoch die vielen Studierenden, die in Köln keine Wohnung finden. Allein 1.500 stehen auf Wartelisten des Studierendenwerks für einen Wohnheimplatz. Hinzu kommen diejenigen, die im Elternhaus wohnen bleiben und lange Fahrzeiten zu ihrer Hochschule auf sich nehmen oder die bei Freunden ein Gästebett belegen, in der Hoffnung, doch noch irgendwo ein bezahlbares eigenes WG-Zimmer zu finden.

Wenn der Verlust der Wohnung droht, kann man sich bei der Fachstelle Wohnen der Stadt Köln im Wohnungsamt der Stadt Köln Rat im Idealfall auch Hilfe holen. Dort sind rund 600 Menschen mit vielfältigsten Aufgaben von der Prävention, bis zur Reintegration in reguläre Mietverhältnisse, von Sozialarbeit bis zur Verwaltung beschäftigt. In Köln werden pro Jahr 3.500 bis 4.500 von Kündigung bedrohte Mietverhältnisse gemeldet. Die Interventionsmöglichkeiten reichen von der Mietschuldenübernahme über Mediationsgespräche, falls es um Konflikte zwischen Mietern und Vermietern geht, bis zur sozialarbeiterischen Unterstützung der Mieter. Die Rettung von Mietverhältnissen hat an Relevanz gewonnen, denn der Weg zurück ist ungleich schwieriger zu bewerkstelligen.

Notunterkünfte und Übergangslösungen

Nach dem 12. Sozialgesetzbuch §§ 67ff haben Personen, bei denen besondere Lebensverhältnisse mit sozialen Problemen verbunden sind, Anspruch auf Hilfen, wenn sie diese Schwierigkeiten nicht aus eigener Kraft überwinden können.

Besondere Lebensverhältnisse mit sozialen Schwierigkeiten bestehen z.B. bei Menschen, die keine Wohnung haben, denen eine gesicherte wirtschaftliche Lebensgrundlage fehlt, die in gewaltgeprägten Umständen leben und solche, die aus einer geschlossenen Einrichtung (Heimunterbringungen, Gefängnis, Therapeutische Einrichtung...) entlassen wurden.

Die Leistungen umfassen alle Maßnahmen, die notwendig sind, um die Schwierigkeiten abzuwenden, zu beseitigen, zu mildern oder ihre Verschlimmerung zu verhüten, insbesondere Beratung und persönliche Betreuung für die Leistungsberechtigten und ihre Angehörigen, Hilfen zur Ausbildung, Erlangung und Sicherung eines Arbeitsplatzes sowie Maßnahmen bei der Erhaltung und Beschaffung einer Wohnung.

Ist der Notfall eingetreten, greift die Sozialgesetzgebung 12. Buch (Sozialhilfe). Das Bundesgesetz wird allerdings nicht überall gleich ausgelegt. In Köln gilt, wer hier gemeldet ist, für dessen Not muss die Stadt Abhilfe schaffen. Es erfolgt die Einweisung in das Notunterbringungssystem auf Grundlage der landesrechtlichen Polizei- und Ordnungsgesetzgebung (OBG). Bei der „ordnungsrechtlichen Unterbringung“ geht es darum, die soziale Situation des wohnungslos gewordenen Menschen, aber auch das geordnete Zusammenleben in der Kommune zu sichern. Denn das historisch gewachsene Ziel des Ordnungsgesetzgebung lautet: „Die Ordnungsbehörden haben die Aufgabe, Gefahren für die öffentliche Sicherheit oder Ordnung abzuwehren.“

Wer keinen Ort zum Übernachten hat, kann sich an eine der acht Kölner Notschlafstellen wenden, die insgesamt etwa 80 Plätze vorhalten. Das Angebot wird im Rahmen der städtischen Winterhilfe um weitere 72 Schlafplätzen in der Ostmerheimer Straße ausgeweitet. Allerdings nehmen viele Menschen diese Unterkünfte nicht in Anspruch. Oft handelt es sich um Mehrbettzimmer ohne jegliche Privatsphäre. Überbelegung, Lärm, Angst vor Konflikten und vor Diebstahl schrecken ab. Angst- und Unsicherheitsgefühle, Übernachten neben Fremden, vielleicht lärmenden oder gewalttätigen Zimmernachbarn lassen einen häufig keinen Schlaf finden.

Der Umgangston und die Neigung zu Gewalt in weiten Teilen der Szene führen dazu, dass manche Menschen solche Einrichtungen eher meiden und sogar einen Schlafplatz auf der Straße bevorzugen.

Das gilt insbesondere für Frauen, denn geschlechtergemischte Angebote sind in der Regel von Männern geprägt, da diese den größeren Anteil der Obdachlosen darstellen. Einige Institutionen sind Frauen vorbehalten. Wenn es um einen Schlafplatz geht, können Frauen sich z.B. an das Comeback im Mauritiussteinweg (Nähe Neumarkt) wenden. Sind sie rechtzeitig am Abend vor Ort, haben sie die Chance, einen der zwölf Schlafplätze zu ergattern und können zudem duschen und ihre Wäsche waschen.

Die Notschlafstellen haben jeweils eigene Regeln. Bis wann muss man sich melden, um ein Bett zu bekommen? Wer wird aufgenommen? Im Comeback etwa ist das Mitbringen und Konsumieren von Alkohol und Drogen nicht erlaubt. Dafür kann man dort aber zusammen mit seinem Hund übernachten.

Geht es um einen längerfristigen Aufenthalt, stehen in Köln rund 4.000 Plätze zur Verfügung, die an Wohnungslose vergeben werden können. Hinzu kommen noch stationäre Angebote des Landschaftsverbands Rheinland. Kommunale und nicht-kommunale Unterbringung bilden das Hilfsnetz, das Häuser der Stadt oder der Wohlfahrtsverbände, Wohnungen, für die die Kommune das Belegrecht hat, sowieso kurzfristige Notschlafstellen und (Not)Unterkünfte umfasst.

Auch wenn ordnungsrechtliche Unterbringung lediglich als vorübergehende Beherbergung gedacht ist, leben die Nutzer und Nutzerinnen sowohl in Massenunterkünften als auch in den Einfachhotels oft über Jahre, sogar ein Zeitraum von 14 Jahren kam in Köln schon vor.

Um den Bedarf an Unterbringungsmöglichkeiten zu decken, mietet die Stadt Hotels an. Von den oben genannten 4.000 Plätzen in Köln befinden sich etwa 1.600 (Stand 2023) in Einfachhotels. Rund 300 werden von alleinstehenden oder Frauen mit Kindern genutzt.

Es sind gewerbliche Einrichtungen, die zuvor noch Touristen zur Verfügung standen, aufgrund ihres baulichen Zustands und der veralteten Ausstattung aber nicht mehr rentabel betrieben werden können. Die Fachstelle Wohnen weist sie Betroffenen als Ausweichquartier zu.

Für eine Dauerbelegung sind die Einfachhotels aber ebenso wenig ausgelegt wie die städtischen Unterkünfte. Zwar gibt es dort mitunter Einzelunterbringung. Doch die Zimmer schützen gerade einmal vor der Witterung. Inventar und Hygienestandards, insbesondere der Sanitäranlagen, haben mit einem regulären Hotel nichts gemeinsam. Viele Nutzer und Nutzerinnen erleben, dass die Notlösung zum Dauerzustand wird. Denn es gibt nur wenig Aussichten, in ein reguläres Mietverhältnis zurückzukehren. Zumal, wenn es an Geld fehlt und man aus der Wohnungslosigkeit kommt, tun sich viele Vermieter schwer. Andere schaffen es aufgrund verschiedener sozialer oder psychischer Problemlagen oder gesundheitlicher Einschränkungen nicht, wieder ins selbstbestimmte Wohnen zu wechseln. In den Hotels übernehmen oft Hotelscouts diese ambulante Unterstützung.

Andererseits gibt es Menschen in den Einfachhotels und Wohnheimen, die dem dort gebotenen Bedarf an Betreuung und Unterstützung gewissermaßen entwachsen sind. Ob Frauenhaus oder therapeutische Einrichtung – dort leben oft Menschen nur noch aus dem Grund, dass kein preiswerter Wohnraum zur Verfügung steht, und „verstopfen“ das begrenzte Angebot.

Oktober 2024, Krebsgasse

Leben auf der Straße

Im Auftrag der Stadt Köln haben sich zwei Träger – der Benedikt Labre e.V. – OASE und die Diakonie Michaelshoven im Kooperationsmodell „Streetwork" zusammengeschlossen und von Juni 2018 bis Mai 2019 Obdachlose zu ihren Bedürfnissen und ihren Wünschen an das Hilfesystem befragt. Man wollte auch in Erfahrung bringen, welche Widerstände es gegen die Nutzung bestehender Angebote gibt. Der Abschlussbericht mit den Wünschen und Verbesserungsvorschlägen ging Anfang 2020 an die Sozialverwaltung. Und was wünschen sich Obdachlose von der Stadt? An erster Stelle wurde die Unterbringung in Einzelzimmern genannt. Wer nie eine Tür hinter sich schließen kann, hat große Sehnsucht nach Ruhe und Privatsphäre. Für Paare sollten einige Doppelzimmer vorgehalten werden. Gebraucht werden außerdem Unterkünfte, in denen Hunde zugelassen sind. Denn oft gibt der Hund Halt und Schutz, wärmt, ist Freund und Lebensgefährte, häufig auch Lebensaufgabe und Lebenssinn. Wenn der Hund das ein und alles ist, trennt man sich nicht über Nacht von ihm, sondern schläft eher gemeinsam mit seinem Vierbeiner im Freien. Schließlich wünschen sich viele der Befragten mehr Toleranz und vor allem auch Raum für unkonventionelle Wohnformen.

Das Streetwork-Angebot wurde inzwischen ausgeweitet. Vier Kräfte sind wochentags in Köln unterwegs, die sich um die Belange erwachsener Obdachloser kümmern, sofern sie keine illegalen Substanzen konsumieren und einen Leistungsanspruch haben. Die Konsumentinnen und Konsumenten werden von SozialarbeiterInnen des Aufsuchenden Sucht Clearings (ASC) angesprochen, die Montag bis Freitag in Zweier-Teams unterwegs sind. Insgesamt sind es zehn Mitarbeitende, die nicht nur die Innenstadt abdecken, sondern auch das rechtsrheinische Kalk, den Wiener Platz in Mülheim und nach Bedarf auch in weiteren Stadtteilen unterwegs sind. Laut Angaben des Aufsuchenden Sucht Clearing für das Jahr 2023 waren 60 % ihrer KlientInnen wohnungslos. Das Verhältnis von Männern und Frauen betrug 80 zu 20.

Die Schätzungen, wie viele Menschen insgesamt in Köln auf der Straße leben, fallen sehr unterschiedlich aus, doch dürfte ihre Zahl bei mindestens 500 Personen liegen.

Darunter sind zunehmend auch Menschen aus dem Ausland, meist aus Süd- und Osteuropa und Polen, die versuchen, dem Elend in ihren Heimatländern zu entfliehen. Männer, die zum Arbeiten hierher kamen und dann gestrauchelt sind, aber auch Roma-Frauen und ganze Familien, die vom Betteln leben

2018 wurde in der Vorgebirgsstraße eine Einrichtung mit 90 Schlafplätzen für EU-BürgerInnen aus Osteuropa geschaffen, die keinen Anspruch auf Hilfeleistungen haben. Sie können dort übernachten und erhalten medizinische Hilfe. Der Umgangston ist rau und nicht selten kommt es zu Gewalt unter den Nutzern. Security-Kräfte überwachen die Flure und da es keine Türen zu den Schlafräumen gibt, können sie im Bedarfsfall rasch eingreifen. Außer Betten gibt es Schließfächer für die geringe Habe. Da Alkohol im Haus nicht erlaubt ist, sitzen tagsüber Menschen vor der Einrichtung, um zu trinken. Sie haben hier keine Perspektive und doch ist diese Situation für viele erträglicher, als in ihre Heimat zurückzukehren. Das Kooperationsmodell „Streetwork" wurde inzwischen durch mehrsprachige Kräfte aufgestockt, die gezielt Obdachlose aus Polen, Bulgarien und Rumänien ansprechen.

Nur ein Jahr nachdem die Evaluation der Streetworker fertiggestellt war, beauftragte das Dezernat für Soziales, Gesundheit und Wohnen Köln die nächste Erhebung zur Lebenssituation obdachloser und wohnungsloser Menschen in Köln. Die Durchführung übernahm die Gesellschaft für innovative Sozialforschung und Sozialplanung e.V. (GISS). Datensammlung folgt auf Datensammlung, wir gewinnen immer genauere Einblicke in die Bedarfslagen, während sich gleichzeitig die Wohnungslosigkeit verfestigt.

Hoffen auf das Kölner Konzept zur Bekämpfung von Wohnungslosigkeit

Nach der Corona-Pandemie hat sich die Stadt verstärkt des Themas angenommen. Arbeitsgruppen tagten, Symposien fanden statt und auch die GISS-Daten mündeten in einen umfassenden Masterplan: Das Kölner Konzept zur Bekämpfung von Wohnungslosigkeit. Es vereint viele gute Ansätze und Kosten verursacht es auch nicht, denn es werden bisherige Ausgaben umgeschichtet – so der Plan. Statt in Hotelunterbringung wird in Housing First investiert. Seit den 1980er Jahren verfolgt man die Idee, dass obdachlose Menschen vor allem eins brauchen: eine Wohnung. In Finnland liegen die Ursprünge von Housing First, der Idee, mit der man Bedürftige aus den Notunterkünften holen, in reguläre Wohnverhältnisse bringen und sie mit sozialarbeiterischer Unterstützung in die Eigenständigkeit begleiten wollte. Der Erfolg stellte sich bald ein. Finnland konnte auf diesem Weg die Zahl der obdachlos lebenden Menschen in weniger als 15 Jahren (von 2008 bis 2022) um mehr als 50 % verringert werden. In den 1990er Jahren übernahm man den Ansatz in den Vereinigten Staaten und schuf etwa in New York Unterkünfte für Obdachlose mit psychischen Problemen und/oder Abhängigkeitserkrankungen.

Housing First sieht die eigene Wohnung als entscheidende Grundlage für die Reintegration obdachloser Menschen. Weitere Prinzipien: Wohnen gilt als bedingungsloses Grundrecht jedes Menschen, die Entscheidungen für sein Leben trifft jeder Mensch selbst. Der Bezug einer Wohnung ist nicht an Voraussetzungen wie Abstinenz geknüpft. Die Teilnehmenden werden motiviert und aktiviert zu einem gesunden Leben, aber ihre Beteiligung erfolgt ohne Druck und Zwang. Im Zentrum steht die Person, an der die konkreten Hilfsleistungen und die Dauer der Inanspruchnahme ausgerichtet werden. Fällt der Unterstützungsbedarf weg, bleibt ihnen dennoch der Wohnraum erhalten. In vielen Städten wurden positive Erfahrungen mit Housing First gemacht. In Düsseldorf gelang es in nur zwei Jahren 50 vormals obdachlose Menschen in Wohnungen zu vermitteln.

Zudem sieht das Kölner Konzept zur Bekämpfung der Wohnungslosigkeit den Ausbau präventiver Hilfen vor, um drohenden Wohnungsverlust abzuwenden. Und ab 2025 soll eine Wohnraumagentur gewissermaßen Lobbyarbeit für Wohnungslose leisten. Sie wird daran arbeiten, Hemmnisse und Vorbehalte auf der Seite der Wohnungsanbietenden auszuräumen, als Mittler aufzutreten und bei Schwierigkeiten oder im Konfliktfall mit den neuen Mietern einzugreifen. Diese Maßnahme zielt auf private Eigentümer, die eine oder mehrere Wohnungen zu vermieten haben.

Einen vergleichbaren Ansatz verfolgt bereits seit 2017 „Viadukt", ein Kooperationsprojekt von SkF (Sozialdienst katholischer Frauen) und SkM (Sozialdienst katholischer Männer) Köln, der Diakonie Köln und Region und der Stadt Köln, das vom Ministerium für Arbeit, Gesundheit und Soziales des Landes Nordrhein-Westfalen gefördert wird. Dort konzentriert man sich auf die Ansprache von Wohnungsgesellschaften, Genossenschaften und kirchlichen Immobilienanbietern und macht die Erfahrung, wie mühsam die Erschließung ist und wie viel Engagement es für jeden Einzelfall bedarf. Hier hat man die Erfahrung gemacht, dass es durch Fürsprache gelingen kann, sozial randständige, wohnungslose oder obdachlose Personen, durch Abhängigkeit und/oder psychische Krankheiten gezeichnete Menschen wieder ins Wohnen zu bringen. Außer Frage steht, dass dringend zusätzlicher Wohnraum gebaut werden muss.

„Es gibt viele Arten zu töten. Man kann einem ein Messer in den Bauch stechen, einem das Brot entziehen, einen von einer Krankheit nicht heilen, einen in eine schlechte Wohnung stecken, einen durch Arbeit zu Tode schinden, einen zum Suizid treiben, einen in den Krieg führen usw. Nur weniges davon ist in unserem Staat verboten."

Bertolt Brecht

Angebote für Frauen ohne Wohnung

Viele Einrichtungen vom Betreuten Wohnen bis zu Unterbringungseinrichtungen, die für die Bedarfe spezieller Gruppen ausgerichtet sind – hierzu zählen Jugendliche, Frauen und Frauen mit Kindern oder auch psychisch kranke Menschen – werden von freien Trägern betrieben wie Diakonisches Werk, Caritasverband und Paritätischer Wohlfahrtsverband. Zu untersuchen wäre, ob kirchlich betriebene Einrichtungen auch Bedürftige erreichen, die etwa dem muslimischen Glauben angehören oder gänzlich mit Religion gebrochen haben. Im Bereich Betreutes Wohnen für wohnungslose Frauen mit psychischen Problemen und/oder Suchtproblematiken, bietet der SkF in mehreren Häusern Wohnplätze für Frauen mit unterschiedlichen Problemlagen an. Darunter sind auch niedrigschwellige Angebote, die auch sogenannte Grenzgängerinnen aufnehmen. Das sind Frauen, die sich aus dem sozialen System verabschiedet haben oder herausgefallen sind, die unangepasst leben und sich Regeln verweigern. Mitunter haben sie sich in ihre eigene Lebenswelt zurückgezogen und sind für Ansprache nicht oder kaum erreichbar. Diese Frauen werden auch als Hard-to-reach-Klientel bezeichnet.

Obdachlosigkeit trifft vor allem Menschen, die keine oder nur geringe Rücklagen haben. Über ein Viertel (28,5 %) der älteren Frauen in Einpersonenhaushalten hatten 2022 ein Einkommen unterhalb der Armutsgefährdungsschwelle. Wer nach dem klassischen Beziehungsmodell mit einem männlichen Alleinverdiener gelebt und keinen sozialen Rückhalt hat, läuft Gefahr, den Wohnraum zu verlieren, wenn der Partner stirbt oder die Beziehung auseinandergeht. In Paarbeziehungen ist es häufig noch an der Tagesordnung, dass der Mann den Mietvertrag unterschreibt, Ausgaben kontrolliert und/oder die alleinige Verfügungsmacht über das Konto hat. Umso schwieriger ist es für Frauen, die aufgrund von seelischer oder physischer Gewalt die Partnerschaft verlassen wollen oder müssen, um sich und ihre Kinder zu schützen.

Betroffen von häuslicher Gewalt waren 2023 in Deutschland 79,2 % Frauen und 20,8 % Männer. Mit rund 400

Frauenhäusern, die 7.000 Plätze bieten, ist Deutschland deutlich unterversorgt. Es sollten 21.000 Plätze vorgehalten werden, dazu hatte sich die Bundesrepublik 2014 in der Istanbuler Konvention zum Schutz von Frauen und Mädchen verpflichtet. Ein wichtiges Signal, denn in Deutschland zählen Frauenhäuser nicht zu den Pflichtaufgaben von Staat und Kommunen.

In Köln finden 26 gewaltbetroffene Frauen und insgesamt rund 30 Kinder Zuflucht in zwei Frauenhäusern. Ein drittes ist aktuell im Bau. Der Bedarf ist so groß, dass jedes Jahr mehreren Hundert Hilfesuchenden Absagen erteilt werden müssen. Entweder bleiben diese Frauen in der gemeinsamen Wohnung oder ziehen in eine Obdachloseneinrichtung. Frauenhäuser sind in Deutschland keine Pflichtaufgabe von Staat und Kommunen

„Die wahnsinnig großen strukturellen Widerstände erschweren es der Frau, sich zu trennen. Ein konkretes praktisches Hindernis ist der hoch eskalierte Wohnungsmarkt. Wie sollen diese Frauen bezahlbare Wohnungen finden? Und dann sitzen Betroffene in den gewalttätigen Partnerschaften fest, weil sie sich eben keine Wohnung leisten können."

Asba Hedayati, Anwältin und Autorin

Auch weil Frauen eher von Einkommensarmut betroffen sind wächst ihr Risiko, wohnungslos zu werden. Das gilt auch für berufstätige Frauen, vor allem solche mit geringer beruflicher Qualifikation. Und es gilt für Alleinerziehende. Nicht nur, dass Frauen durchschnittlich immer noch weniger verdienen als Männer, sie arbeiten häufiger in Teilzeit oder sind nur geringfügig beschäftigt, viele auch ohne sozialversichert zu sein und daher ohne Anspruch auf Krankengeld oder Rentenleistungen. In den Notunterkünften sind immer häufiger Frauen mit Kindern untergebracht. Rund 3.000 Kinder leben in Köln ohne ein festes Zuhause.

Weitere Gründe für weibliche Wohnungslosigkeit: Mit Erreichen der Volljährigkeit werden junge Menschen aus Jugendhilfeeinrichtungen entlassen, sie müssen aus Wohngruppen oder Heimen ausziehen, weil die Kosten nicht mehr übernommen werden. Auch der Auszug aus der elterlichen Wohnung bedeutet für viele junge Frauen Wohnungslosigkeit.

„Wenn man Suppe an die Armen verteilt, wird sich immer jemand in die Schlange stellen, der sich selbst eine Suppe kaufen könnte. Das ist weder ein Grund, keine Suppe zu verteilen, noch ein Grund, alle Anstehenden zu verdächtigen oder ihrer Würde zu berauben."

Johann van de Bron, Blogger

Ein häufiges Merkmal wohnungsloser Frauen ist eine eher geringe Schulbildung. Oft wurden sie zur Unmündigkeit erzogen, mussten sich mit geringen Handlungsspielräumen begnügen und hatten wenig Chancen auf eine ihrer Wahl oder Neigung entsprechende Ausbildung. Andere haben traumatisierende Erfahrungen erlitten, durch körperliche und/oder psychische Gewalt, Vernachlässigung oder Verlusterfahrungen. Stammen sie aus einem strengen Elternhaus, kommt es zu Ausbruchsversuchen, die z.B. in die Drogenszene führen oder auch in eine frühe Ehe und leben – wenn das erhoffte Familienidyll zerplatzt – in prekären Verhältnissen. Hier ist oft Unterstützung notwendig, um zu verhindern, dass sich vorhandene Problematiken verstetigen und der Weg in die Straßenobdachlosigkeit führt.

Frauen haben es besonders schwer, sich in der Szene der Wohnungslosen zu behaupten, wo das Leben von Alkohol- und Drogenmissbrauch, Kälte, Krankheit und Gewalt geprägt ist.

Viele Obdachlose kennen verbale und körperliche Angriffe und sind meist schon mehrfach beraubt worden. Die wenigen Habseligkeiten von Schuhen bis zum Kochgeschirr sind auch bei anderen, die auf der Straße leben, begehrt. Für Frauen kommt die Angst vor sexuellen Übergriffen hinzu. Diese reale Bedrohung führt zu einem chronischen Gefühl von Unsicherheit. Der Schlaf ist niemals tief und entspannend. Sobald sich jemand nähert, schrecken sie hoch und versuchen dessen Absicht auszumachen. Aus diesem Grund übernachten obdachlose Frauen nach Möglichkeit an bewachten Orten. Z.B. in öffentlichen Verkehrsmitteln oder am Flughafen. Dort, wo es Security gibt, fühlen sie sich einigermaßen geschützt. Auch ein Hund als Begleiter kann Sicherheit geben; ebenso wie Zweckgemeinschaften mit Anderen, die auch „Platte machen". Doch viele Frauen sind eher einzelgängerisch, vor allem, wenn sie schon länger obdachlos leben. Nicht selten werden sie aufgrund ihrer psychischen Probleme unzugänglich und kapseln sich ab.

Weil traditionelle Geschlechterrollen immer noch wirksam sind, leiden die, die auf der Straße leben, häufig unter Schamgefühlen und Selbstvorwürfen. Viele haben Sehnsucht nach einem klassischen Familienleben mit Mann und Kind. Sind Frauen als obdachlos erkennbar, sind sie noch mehr als männliche Straßenobdachlose Vorurteilen und Anfeindungen ausgesetzt. Ein Mann, der in der Öffentlichkeit uriniert, ist kein seltenes Bild. Er stellt sich an einen Baum oder eine Hauswand. Das ist nicht legal, wird aber nur selten geahndet. Wenn sich eine Frau hinhockt, weil sie muss, zieht das eine ganz andere Aufmerksamkeit auf sich. Da kann es durchaus vorkommen, dass sie von Sicherheitskräften angesprochen wird und wegen Erregung öffentlichen Ärgernisses auf eine Polizeiwache gebracht wird. Das Fehlen öffentlicher Toiletten, die unentgeltlich nutzbar sind, ist für Frauen ein wesentlich größeres Problem.

Wohnungslose Frauen, besonders wenn sie auf der Straße leben, versuchen ihre Lebensumstände zu verbergen, weil sie sich dafür schämen. Stefanie Galli, eine Kölner Polizistin, weiß anhand ihrer Streifengänge „...obdachlose Frauen haben einen höheren Hygiene- und Schutzbedarf als Männer, weil sie täglich enormen Stresssituationen, Gewalt und sexuellen Übergriffen ausgesetzt sind", weiß sie. Galli, die in einer Quizshow im Fernsehen gewann, legte mit ihrer Siegerprämie den Grundstock für einen Kölner Duschbus, einer Art rollendem Badezimmer, in dem Frauen sich waschen und pflegen können und Pflege- und Hygieneartikel, saubere Handtücher und frische Unterwäsche bekommen. Das ist auch eine Frage der Sicherheit. „Ein gepflegtes Äußeres hilft ihnen, nicht gleich als potenzielles Opfer erkannt zu werden und ermöglicht etwas Wohlbefinden", hofft Stefanie Galli. Diese Unterstützung ist zudem während der Menstruation wichtig, wenn Frauen zusätzliche Hygieneartikel benötigen. Wenn sie unter Krämpfen und Schmerzen leiden, haben sie dort die Möglichkeit, ein Schmerzmedikament zu bekommen. Auch Verhütung und Schutz vor sexuell übertragbaren Krankheiten ist ein wichtiges Thema, gerade, weil sie oft Übergriffen ausgesetzt sind.

Ein rosa Plastikbus dient Stefanie Galli als Blickfang. Damit wirbt sie um Spenden für ein Duschmobil für obdachlose Frauen.

„Am Anfang schämt man sich, aber hinterher nicht mehr."

Interview mit Rose (24)

Es ist der 31. März 2023. Das Gespräch mit der 24-jährigen Rose findet in der Notaufnahme in Köln-Merheim statt. Rose hat keinen festen Wohnsitz und schläft häufig in der Winterhilfeeinrichtung. Wegen einer nicht bezahlten Strafe war sie gerade erst eine Woche in der JVA.

Christiane: Bitte erzähl mal etwas über dich. Wo und wie bist du aufgewachsen?
Rose: Also ich bin 24 Jahre alt, mein Name ist Rose und ich bin in Gremberg aufgewachsen. Ich habe dort bei meinem Vater gewohnt.

Und deine Mutter?
Ich kann mich nicht erinnern, ich habe manchmal Probleme mit Gesichtserkennung und mit Namen. Man kann sagen, manchmal erkenne ich die Leute nicht oder vergesse sie, wie z.B. meinen Vater. Ich werde dann auch beleidigend. Im Nachhinein fällt mir das dann auf.

Bist du dort auch im Kindergarten gewesen und in der Grundschule?
Ich kann mich an einen Kindergartenfreund erinnern. Wir verstehen uns jetzt nicht mehr, aber ich kann mich an ihn erinnern. Aber wie es dort gewesen ist, das weiß ich nicht. An den Kindergarten kann ich mich nicht erinnern.

Und sonst? Wie habt ihr gelebt?
Wir hatten da eine Wohnung. Mein Vater hatte eine Wohnung gemietet für 24 Jahre. Er hatte einen Vertrag bei der Genossenschaft für 24 Jahre. Der ist aber irgendwann abgelaufen, so dass wir da nicht mehr gewohnt haben. Da wohnt jetzt ein anderer drin.

Und warst du in Gremberg auch in der Grundschule?
Ich kann mich nicht erinnern. Ich war danach auf dem Gymnasium in Kalk. Ich wurde dann auf so eine, ich nenne es mal ‚Haushaltsschule' geschickt. Da waren nur zehn Schüler, zehn Mädchen und haben dort gelernt, Verantwortung zu tragen. Wir hatten da ein Haustier und wir mussten lernen, wie wir das Besteck richtig sortieren und so Sachen, die man so als Haushälterin lernen sollte.

Wo war denn diese Schule?
Das weiß ich nicht. Das müsste in der Nähe von Troisdorf sein. Also entweder bin ich dort zweimal oder dreimal die Woche hingegangen und ja, genau, jetzt kann ich mich erinnern. Also ich war auch in der Grundschule. Aber, ob ich zweimal oder dreimal in der Woche in der Grundschule und die restlichen zwei Tage zum Lernen in der Haushaltsschule war, ich weiß es nicht.

Wie bist du dann zu der Haushaltsschule gekommen?
Mein Onkel hat mich hingefahren. Daran kann ich mich noch erinnern. Ich wollte mir ein Tier aussuchen. Und dann habe ich die Nummer zehn genommen und ich habe ihn Göckel genannt.

Du hast vorher in Kalk das Gymnasium besucht. Hast du es auch abgeschlossen?
Ja, ich habe es abgeschlossen.

D.h., du hast in Kalk dein Abitur gemacht?
Ans Abitur kann ich mich nicht erinnern. Aber ich war im Gymnasium. Ich weiß auch nicht, warum ich mich nicht erinnern kann. Ich konnte mich auch an ein paar andere Dinge, wie z.B. an meine Wohnung erst später erinnern.

Hast du nach der Schule eine Berufsausbildung gemacht?
Nein. Ich wollte immer studieren. Ich war in Deutz in der Fachhochschule, was ich da gemacht habe, weiß ich nicht.

Wie ist es denn zur Obdachlosigkeit gekommen?
Unsere Wohnung war einfach weg. Da ist jemand anderes eingezogen, der dann meinen Namen benutzen wollte und hat gesagt, er wäre ich. Er hat nicht gemerkt, dass ich ein Mädchen bin, weil ich damals immer ein Käppi anhatte oder eine Sonnenbrille. Und dann ist er da in die Wohnung eingezogen. Ich habe es nicht verstanden, weil ja mein Vater die Wohnung für 24 Jahre bezahlt hat. So bin ich obdachlos geworden. Also ganz ehrlich, ich saß einfach am Neumarkt vor dem Museum mit einer roten Tasche. Ich wurde einfach so weggeschickt von meiner Wohnung

… und weil ich nicht handgreiflich werden wollte, bin ich dann dort ausgezogen.

Und wie ist das Leben auf der Straße?
Wie ist es auf der Straße? Ich bin gerne draußen. So schlimm finde ich das nicht, denn ich sage immer, ich wohne auf dem „Dach der Welt“. Man könnte auf der ganzen Welt wohnen, weil manche Wohnungen oder Zimmer einfach zu klein sind. Und ich bin gerne draußen. Ich bin gern im Wald und im Park.

Da haben wir etwas gemeinsam.
Hmm. Ich liebe das Grüne. Es wächst gerade wieder.

Ja, das kommt jetzt wieder. Ich bin auch froh, dass es wieder Grün wird. Wie kommst du klar auf der Straße?
Also natürlich hat man da wenig Geld. Aber man kann ja sich auch einen Job suchen.

Du hattest einen Job und gleichzeitig warst du auf der Straße.
Nein, wenn man schon obdachlos ist, dann ist es auch schwierig mit dem Job, weil die ja eine Meldeadresse haben wollen. Man muss da halt gucken, wo man schläft. Schön ist das nicht. Man muss sich jedes Mal wieder einen Platz suchen, wo man schläft. Es gibt irgendwie immer Theater.

Wo hast du denn Platte gemacht?
Das erste Mal, als ich draußen geschlafen habe, war ich auf einer Bank in Gremberg. Im Park, gegenüber vom Lidl. Ich laufe da immer rum, weil es da viel Grün gibt. Und es gibt den Park hinter Lidl und da kann man sich hinlegen. Ich weiß, von Gegenüber habe ich Licht von den Nachbarn. Ich lege mich dort mit meiner schwarzen Decke hin. Und ich weiß, um 5:45 Uhr kommt der Mann mit dem Hund und dann werde ich automatisch geweckt. Eigentlich habe ich ja einen ziemlich tiefen Schlaf.

Nutzt du Hilfseinrichtungen?
Ja, schon. Aber man muss erst mal gucken, denn am Anfang schämt man sich, aber hinterher nicht mehr. Man kann auch kostenlos essen, wenn man kein Geld hat. Na ja, erst muss man gucken, ob man was zu essen hat. Für Zigaretten gibt man zu viel Geld aus. Ich fahre viel spazieren, da fahre ich mit der Bahn und dann schlafe ich auch manchmal in der Bahn. Ich bin gerne draußen, aber wie gesagt, ich kann auch drinnen schlafen, denn es gibt überall Stellen und man kann auch eigentlich nicht verhungern.

Welche Einrichtungen hast du besucht?
Also SKF, „Sozialdienst Katholischer Frauen“, auf dem Mauritiussteinweg. Da kann man ab 20 Uhr hin oder Kaffee „Auszeit“, da kann man auch mittags hingehen. Da kann

man dann essen. Abends ab 20 Uhr kann man da sogar Kleidung waschen, essen und trinken. Da hat man dann ein Bett und kann da duschen. Dann hat man da so eine kurze Auszeit von der Straße, deshalb heißt es auch Kaffee „Auszeit". Das einzige Negative daran ist, wenn man da einmal drin ist, um 20 Uhr, da kann man auch nicht mehr raus. Ich kenne auch das Elisabeth-Fry-Haus in Zollstock. Das ist auch eine Frauenaufnahme. Auch für Frauen, die Angst haben z.B. oder die vom Mann geschlagen werden. Also das kommt immer darauf an, wie hilfebedürftig man gerade ist.

Bist Du denn geschlagen worden?
Geschlagen worden? Nein, ich bin Single. Nein, ich wurde noch nie geschlagen. Und mein Vater ist nett. Mein Vater ist wichtig für mich. Ich habe nur gute Erinnerungen an meine Kindheit. Ich war eher frech.

Hast du deinen Vater aus den Augen verloren?
Ich habe ihn lange nicht mehr gesehen.

Wie lange ist es her, als du deine Wohnung mit deinem Vater verloren hast in Gremberg?
Ungefähr zwei Jahre.

Da warst du 22?
Ja, genau.

Und hattest du bis zu deinem 22. Lebensjahr eine Arbeit, hast du irgendwo Geld verdient?
Ich habe in einer Kantine gearbeitet, am Hansaring. Da musste ich morgens um 6 Uhr dort sein. Also, ich bin da extra ein bisschen früher hingefahren. Wir haben dort Brötchen geschmiert und verpackt. Dann gab es einen Lieferant, der das dann ausgeliefert hat.

Hattest du nicht die Überlegung, nach dem Abitur weiter zu lernen?
Doch. Ich lese gerne Bücher, schreibe auch gerne welche und ich habe auch immer fantasiereiche Ideen für Geschichten. Das klingt jetzt unglaublich oder nicht? Ich liebe Bücher auf jeden Fall. Ich lese viel.

Du hast gesagt, du hättest vor einem Monat im Gefängnis gesessen.
Ja, in der Rochustraße, in Köln-Ossendorf.

Wie lange warst du im Gefängnis?
Vom 10. Februar bis zum 16. Februar 2023.

Wie ist es zu der Inhaftierung gekommen?
Ich hatte einen Haftbefehl offen seit Dezember 2022. Aufgegriffen haben die mich am Kölner Flughafen. Ich hatte mich mit jemandem gestritten. Ich wusste nichts von dem Haftbefehl. Zweimal war ich schon von der Polizei kontrolliert worden, aber die haben mir nicht gesagt, dass ich einen Haftbefehl draußen habe. Die haben nichts gesagt! Und dann am Flughafen, da habe ich mich mit jemandem gestritten. O.k. habe ich gesagt, lass uns die Polizei rufen! Es steht Aussage gegen Aussage. Das ist für mich kein Problem. Die Polizei kam und hat die Personalien aufgenommen. Ich habe gedacht, ich hätte noch eine Adresse beim Sozialdienst am Bahnhof, das hatten die mir gesagt. War aber nicht so. Die Polizei konnte mich postalisch nicht erreichen, um den Haftbefehl per Post zu schicken oder mir Bescheid zu sagen. Ich war oft hinter dem „Real-Markt". Ich kiffe halt gerne. Da haben sie mir sechs Gramm Marihuana weggenommen. Da habe ich eine Strafe bekommen. Das war letztes Jahr im August. Und im Dezember haben sie mich dann auf dem Flughafen festgenommen und haben mich gefragt, ob ich 300 € in der Tasche habe, um meine Strafe zu bezahlen. Ich habe Nein gesagt, weil ich am Flughafen war, um Pfand zu sammeln.

Mit anderen Worten, du bist wegen so ein bisschen Haschisch im Gefängnis gelandet?
Seit letztem Jahr suchen die mich wegen 300 € Strafe und wegen dem Marihuana. Ich habe aber den Brief mit dem Haftbefehl nie bekommen.

Du bist also gerade erst für eine Woche im Gefängnis gewesen. Wie war das?
Ich war vorher nie im Knast und ich wurde am Flughafen überrascht. Die haben gesagt, wenn ich jetzt keine 300 € in bar habe, dann muss ich das absitzen mit dem Tagessatz von 15 €. Und da hab ich gesagt: ja, okay. Was soll ich sonst machen? Und dann habe ich erst gewartet, in der Zelle, da am Flughafen. Von da aus bin ich dann nach Kalk gefahren worden mit Handschellen. In Kalk musste ich noch mal in eine Zelle und von da aus kam ich dann in die Rochustraße.

Die Justizvollzugsanstalt Ossendorf, also. Beschreibe mal deine Zelle.
Also die Zelle war mittelgroß, so wie so ein kleiner Flur etwa und dann gibt es darin halt ein Bett, eine Matratze, also eine Schaummatratze. Dann hat man da so ein so komisches Kissen. Ich denke mal, damit man das auch abwaschen kann und dann steht da ein Tisch und man hat einen Schrank. Ich habe dort viel geschlafen, fast den ganzen Tag. Ich war froh, dass ich 5 € dabei hatte, weil ich

unbedingt eine rauchen wollte. Die Polizei in Kalk hat sich immer so viel Zeit gelassen, so dass ich stundenlang keine rauchen konnte.

Hattest du in der Zeit im Gefängnis Arbeit?

Nein. Die haben mich gefragt. Ich hatte am nächsten Tag ein Gespräch mit einer Justizbeamtin, die war voll unfreundlich und meinte: Würden Sie auch hier arbeiten? Da habe ich gesagt: Ja klar. Man kann da in der Küche oder so arbeiten. Aber bei mir war die Inhaftierung zu kurz, vom 10. Februar bis zum 1. März, also 20 Tage, 15 € pro Tag. Da kam eine andere Sozialarbeiterin zu mir und meinte, das ist wirklich blöd, für die kurze Zeit haben die da keinen Job.

Hattest du Mitgefangene, mit denen du was zu tun hattest?

Ehrlich gesagt nein. Zuerst, als ich da hinkam, hatte ich eine Einzelzelle, da war ich schon froh drüber. Dann haben die mich in eine Zweierzelle getan. Da habe ich gesagt, ich möchte wieder alleine sein. Wenn es geht alleine, weil es waren ja nicht viele Frauen da. Einen Tag hatte ich eine Einzelzelle und danach hatte ich eine Zweierzelle, aber ich hatte sie für mich allein.

Das ist gut. War die etwas größer?

Nein, die war genauso groß wie eine Einzelzelle.

Wie bist du eigentlich zurechtgekommen im Gefängnis?

Eigentlich ganz gut. Ich war froh, ganz ehrlich, dass ich da Tabak hatte, ohne Tabak wäre es ganz schlecht. Man sitzt die ganze Zeit da und kann nicht rauchen. Ein oder zweimal habe ich kurz geweint. Manchmal bin ich auch beleidigend geworden. Aber eigentlich sitzt man halt einfach da. Ich war ja sowieso obdachlos, also ganz ehrlich, so schlimm war es nicht, eben ein kleines warmes Zuhause in der JVA. Es war nur überraschend, weil ich nicht Bescheid wusste über den Haftbefehl.

Hast du Freizeit oder Sport gemacht in der einen Woche?

Nein.

Wie waren die Bediensteten, also die Hausbeamten?

Eine war ziemlich frech. Mit der habe ich mich aber auch nur kurz unterhalten und die anderen waren ganz normal und die Sozialarbeiterin war ganz nett. Ich habe wenig zu trinken bekommen. Ich glaub ein oder zwei Tage danach haben wir zwei Liter Milch bekommen. Ich wusste nicht, dass es für Müsli ist.

Wie war denn das Essen?
Das Essen ist na ja. Man kriegt Brot mit Butter. Und ja, das Mittagessen war okay. Man hat Tee bekommen oder es gab schwarzen Kaffee.

Hattest du Besuch in der Woche?
Nein. Die Sozialarbeiterin hat gefragt: Wollen Sie jemanden anrufen? Dann habe ich jemand angerufen, ob er mir 240 € leihen kann. Ich habe dem gesagt, ich kann das wiedergeben, weil ich kriege ja Leistungen vom Jobcenter. Aber der meinte, er schafft das aber heute nicht mehr. Also an dem Tag, wo ich ihn angerufen habe. Ich habe gesagt: Ist klar, ich bin schon dankbar, dass du mich da raus holst mit dem Geld. Am nächsten Tag ist er gekommen und hat dann 240 € bezahlt. Und ich war bis zum 16. Februar dort.

Du bist also freigekauft worden?
Ja, also, er hat die Strafe dann bezahlt. Also den Rest, weil ich hatte ja 300 €. Und eigentlich habe ich ja dann fünf Tage abgesessen, also à 15 €.

Und du bist dann nach dieser Woche aus dem Gefängnis direkt wieder auf der Straße gelandet?
Also der hat die Strafe bezahlt und dann habe ich bei ihm geschlafen. Aber er hatte nachts Ängste. Und dann bin ich bei ihm sitzengeblieben. Ich habe halt ein bisschen auf den aufgepasst. Er hatte Angst irgendwie.

Seit wann bist du denn jetzt hier in der Notschlafstelle?
Hier bin ich seit letztem Jahr, ich komme hier ab und zu hin. Weil es halt überall überfüllt war, haben sie beim SKM gemeint, ich könnte entweder dort in den „Düppel", das ist auch eine Notschlafstelle [in Porz, Anm. P.M.]. Aber der SKM meinte: Gehen Sie doch in die Winterhilfe, weil der SKM war ja auch überfüllt. Die meinten, in der Winterhilfe hätte ich auch einen Tagesaufenthalt, ja, weil es draußen kalt ist. Ich habe mich dann hierfür entschieden, da kann ich mich auch tagsüber aufhalten.

Und was macht man hier tagsüber?
Hier kann man dann im Warmen sitzen. Man kann Kaffee trinken, kann Fernsehen gucken. Oder man kann gucken, ob es Freizeitgestaltung gibt. Da ist ein Tisch und da ist ein Stuhl. Man steht hier morgens um 6:30 auf, denn man soll ja eigentlich auch zu einem Amt gehen. Also, dass man hier so um sieben Uhr fit ist und Kaffee trinkt und dann vielleicht Ämtergänge macht.

Wann warst du das letzte Mal auf dem Amt?
Das letzte Mal? Heute haben wir Freitag. Das war diese Woche Montag oder Dienstag.

Was hast du da gemacht auf dem Amt?
Ich wollte meiner Mitwirkungspflicht nachgehen, weil ich habe jetzt eine neue Postadresse. Die ist in der VISION und die habe ich dann beim Arbeitsamt angegeben, also beim Jobcenter.

Hast du denn außer mit Haschisch auch mit anderen Drogen zu tun?
Manchmal nehme ich auch ein bisschen Pep [illegal hergestelltes Amphetamin], damit ich wach bin. Und ich rauche gerne Marihuana.

Aber wie kamst du zu der VISION? Da geht man ja eigentlich nicht wegen ein bisschen Marihuana-Konsum hin, sondern eher wegen härteren Drogen.
Doch. Schon. Es gab einen Sozialarbeiter, der mir vorgeschlagen hat, in die VISION zu gehen. Dann habe ich mir das angeguckt und fand das erst irgendwie komisch. Aber dann habe ich gedacht, okay. Weil manchmal rauche ich auch ein bisschen Koks und wenn man Drogen nimmt, dann kann man halt da hingehen. Ich habe gesagt, ich nehme manchmal Amphetamine und manchmal auch ein bisschen Koks, also ganz selten und ich rauche Gras und Haschisch.

Wovon finanzierst du das?
Von meinen Leistungen, die ich vom Jobcenter bekomme. Oder Pfandflaschen sammeln natürlich. Das Geld, was man zur Verfügung hat.

Hast du schon mal was von der Zeitung „Draußenseiter" gehört? Das ist eine Zeitung, die können Obdachlose verkaufen und können dann pro Zeitung 1,50 € verdienen.
Ach so. Da hab ich schon welche gesehen und auch von jemandem gehört. Also vom Hassan. Von dem hab ich das gehört, dass er die Zeitung verkauft. Er meinte, man kann da schon gut verdienen.

Das wird über die „Oase" organisiert. Dort kannst du die Zeitungen abholen.
Das hab ich letztes Mal gesehen, als ich in Poll am Rhein war. Da habe ich gelesen „Oase" und mir gedacht, was ist das denn? Davor stehen immer zwei Polizeiwagen, da habe ich zuerst gedacht, das ist eine Polizeiwache. [Tatsächlich befindet sich die Wache der Wasserschutzpolizei direkt im Nebenhaus] Da meinten die anderen, das ist auch so eine Stelle wie die VISION für Obdachlose. Also ich wusste nur, da kann man essen und man kriegt da Geschirr und meistens auch Kleidung. Kann ich ja mal hingehen.

Wenn du Politikerin wärst, was würdest du gegen Obdachlosigkeit tun? Hättest du eine Idee, was die Stadt Köln machen soll?
Für die Obdachlosen? Also jetzt wäre schwierig, wenn die Winterhilfe schließt, dann sind ja alle Obdachlosen draußen.

Was wären deine Ideen gegen Obdachlosigkeit?
Also, da kann man nix tun, wenn man einmal in dieses Loch gefallen ist. Die meisten, die schon im Rollstuhl sind oder alkoholisiert sind oder die Füße schon kaputt oder Gicht haben – also denen kann man nicht mehr helfen.

Hättest du keine Hilfeidee?
Ich würde die anderen vielleicht davon überzeugen, dass sie auch diese Zeitungen verkaufen. Ich würde versuchen, sie zu überzeugen, dass sie sich engagieren, um da rauszukommen. Dann würde ich sagen, erst mal den Obdachlosen gesundheitlich helfen und die dann wieder ein bisschen in den Job einführen, wie mit den Zeitungen und so. Das ist nur ein Anfang. Und dass die vielleicht so irgendwie da rauskommen.

Was hast du denn für Wünsche und Pläne für dein persönliches Leben?
Also ich hätte gerne endlich mal ein Einzelzimmer oder einen Raum für mich. Weil die haben da schon welche frei im Hotel. Ich hätte in Zukunft auch gerne eine Wohnung und einen Job. Wohnung und Job und das wär's.

Und was für einen Job?
Ich würde z.B. entweder im Einzelhandel als Verkäuferin oder Kassiererin arbeiten. Also das würde ich gerne tun.

Bist du dann schon mal bei einer Psychologin gewesen, also in der Haft oder auch außerhalb der JVA?
Ich war hier in der LVR-Klinik Köln, in der Suchtstation. Ich komme auf Station 41 und wenn ich dann halt jetzt z.B. das falsche Gras geraucht habe oder eine falsche Droge oder irgendjemand da vielleicht was untergemischt hat, dann gehe ich da hin und die sagen mir entweder „Merheim" [Ambulanz für Psychiatrie und Psychotherapie], oder „Alteburger" [Tagesklinik Alteburger Straße, Fachkrankenhaus für Psychiatrie, Psychotherapie und Psychosomatik] und dann gehe ich auch dahin.

Und warst du da in der geschlossenen oder in der offenen Abteilung?
Ich gehe dann mal direkt in die Geschlossene und dann macht man da einen Drogentest. Dann sagen die: Sie können bleiben zur Ausnüchterung und dann bleib ich ja dann erst mal. Dann rede ich mit den Ärzten oder bleibe ich noch ein paar Tage da, und die gucken, wie mein Zustand dann ist.

Wie oft warst du schon in der LVR in der Psychiatrie?
Dreimal, so zehn Tage. Da sind ja noch andere und suchen da einen Platz. Alle die, die Drogen nehmen, oder welche, die mal Pause machen wollen von Drogen.

Welche Erfahrungen hast du mit Hotelunterbringung von der Stadt Köln?
Schlecht. Um in ein Einzelzimmer zu bekommen, braucht man vom Psychologen ein Attest. Wenn man nicht so gesellschaftsfähig ist und der Psychologe einem bescheinigt, dass man auf keinen Fall mit jemand zusammen in einem Zimmer wohnen kann, dann kriegt man ein Einzelzimmer.

Die Stadt Köln die scheißt darauf, mit wem du auf einem Zimmer bist. Okay, die können das auch nicht wissen oder die kennen nicht alle persönlich. Aber ich finde schon, die sollten das angucken. So dass man da mal zusammen hingeht und dann gucken wir, ob eine Hotelunterkunft frei ist und ob du da reinpasst. Wie sind die Mitarbeiter, wie sind die anderen, die da wohnen? Sind die dreckig? Aggressiv? Viele provozieren einen mit Absicht.

Wie oft warst du schon in einer Hotelunterkunft der Stadt Köln?
Ein oder zweimal. Ich war an der Josefstraße und dann war ich schon im „Ars Vivendi" in Humboldt. Da war ich auch, also in zwei Hotels.

Und wie lange warst du jeweils in dem einen Hotel und dann in dem anderen Hotel?
Im „Ars Vivendi" war ich neun Monate. In dem anderen Hotel war ich drei Tage. Das war erst vor kurzem. Ich hab es dort ausgehalten, weil das war ein süßes Zimmer und ein echt ein schönes Hotel in der Josephstraße. Da habe ich dann gehofft, weil ich weiß, dass mein Vater auch im Hotel ist, vielleicht sehe ich da meinen Vater. Es war ein schönes Hotel. Aber oben ging mir jemand auf die Nerven. Die andere hat die ganze Zeit provoziert und ich wollte mich prügeln. Da bin ich dann lieber wieder ausgezogen und hab mir gesagt, dann geh ich lieber in die Winterhilfe.

Wie lange bist du jetzt obdachlos?
Seit anderthalb Jahren. So schlimm ist das nicht mehr, weil

ich auch gerne draußen bin. Und wenn ich dann Amphetamine nehme, dann ist meine visuelle Wahrnehmung anders. Vor allem nachts bin ich gerne draußen, weil dann nicht so viele Leute da sind, dann kann ich alles beobachten und mir alles angucken. Draußen. Und ich gucke kein Fernsehen. Ich beschäftige mich schon außerhalb.

In der Natur?
Ja, genau. Ja, so außerhalb gucke ich mir die Welt an, ich bin gerne draußen, weil ich gerne auf dem „Dach der Welt" bin.

Wie ist es denn so mit Freunden und Solidarität auf der Straße?
Also für mich gibt es das gar nicht.

Also du hattest doch gerade jemand, der jetzt für dich einkauft.
Also der … ich sag mal, eine Hand wäscht die andere.

Also der hilft dir, aber er ist jetzt kein Freund von dir.
Genau. Leute, die mir helfen, denen helfe ich auch. Das ist dann so, dann helfe ich denen auch.

Wofür bist du dankbar in deinem Leben und in der Obdachlosigkeit?
Ich bin dankbar, dass wir hier in der Notschlafstelle manchmal Platz haben. Aber was ich mir wünsche, ist ein Leben in der Normalität.

Oktober 2022, Kirche Maria in der Kupfergasse

Ausgrenzung, Abwertung, Anfeindung, Gewalt

Obdachlose stehen am Rand der Gesellschaft. Ihnen fehlt der Zugang zu Ressourcen wie Privatsphäre, persönliche Sicherheit, medizinische Versorgung. Die Reaktionen der Mehrheitsgesellschaft reichen von Mitgefühl über Gleichgültigkeit bis zur Ablehnung. Vor allem gegenüber Wohnungslosen, die schmutzig sind und übel riechen, Alkohol oder andere Drogen konsumiert haben, Persönlichkeitsstörungen oder chronische psychische Leiden aufweisen, gibt es viele Vorbehalte. Während die Gesellschaft körperliche Krankheiten eher akzeptiert, führen psychische Einschränkungen und eine unangepasste Lebensweise zum Ausschluss. Und wer sich ausgeschlossen fühlt, sieht auch keine Veranlassung mehr, sich so zu verhalten, wie es sozial erwünscht ist. Es ist ein Kreislauf, der bewirkt, dass Kontakte fast ausschließlich innerhalb der eigenen Szene bestehen und aufrechterhalten werden (können).

Häufig werden Menschen ohne Zuhause auch Opfer brutaler Übergriffe. Die Kölner Polizei erfasste im Jahr 2020 insgesamt 186 Straftaten, bei denen Obdachlose die Opfer waren — das sind 66 Fälle mehr als 2019 und 103 Fälle mehr als 2018. Aber es gibt nicht nur Tritte und Schläge. 2021 wurde eine Serie von zehn Farbattacken registriert, bei denen nachts Acrylfarbe auf schlafende Obdachlose und ihre Habe geschüttet wurde. Die Bundesarbeitsgemeinschaft Wohnungslosenhilfe e.V. dokumentiert Todesfälle von Obdachlosen aufgrund von Gewalteinwirkung. Bei etwas mehr als der Hälfte der seit 1989 erfassten Todesfälle (345 Fälle) kamen sowohl die Opfer als auch die Täter aus der Wohnungslosenszene. Menschen mit Wohnung haben 281 Mal den Tod von Obdachlosen verschuldet. Außerdem waren sie für 1350 schwere Überfälle mit Körperverletzung verantwortlich. Die Summe aller angezeigten Straftaten gegen Menschen aus dieser Gruppe betrug 2023 2.120; davon waren 885 Gewalttaten. Da längst nicht alle Angriffe angezeigt werden, geht man von einer erheblich höheren Dunkelziffer aus. 2022 kamen bei 16 Übergriffen in Deutschland wohnungslose Menschen zu Tode. Und gerade in jüngster Zeit hat es mehrere Angriffe – auch solche mit Todesfolge – gegeben, deren enthemmte Aggression schockiert.

Darmstadt, November 2023
Auf einem belebten Platz tritt ein 15 Jahre alter Tatverdächtiger einen Obdachlosen viele Male gegen den Kopf. Das 57-Jährige Opfer starb am Folgetag im Krankenhaus.

Moers, Februar 2024
Drei Jugendliche im Alter von 15, 16 und 17 Jahren attackieren zwei Obdachlose. Einer der Geschädigten verstarb circa eine Woche später.

Peine, Niedersachsen April 2024
Ein 42-Jähriger Obdachloser wird von drei Männern und einer Frau über Stunden geschlagen und gequält.

Dortmund April 2024
Vier minderjährige Tatverdächtige attackieren einen 31-jähriger Mann ohne festen Wohnsitz und töten ihn durch zahlreiche Messerstiche.

Immenstadt im Allgäu Mai 2024
Ein 53 Jahre alter Obdachloser wurde auf der Straße zusammengeschlagen und starb mehrere Stunden nach dem Angriff.

Bonn Silvester 2024/2025
Vier Jugendliche beschießen einen schlafenden Obdachlosen mit einer Silvesterrakete und filmen die Tat. Der Mann erleidet einen Schock.

Frauen, die auf der Straße leben, fühlen sich nicht nur von anderen Wohnungslosen bedroht. Häufiger als Männer sind Frauen Übergriffen von Passanten ausgesetzt, werden beleidigt, attackiert, sexuell bedrängt und vergewaltigt. Obdachlose Frauen werden attackiert, weil sie Frauen sind. Chauvinistische Ansichten, die Gewalt gegen Frauen legitimieren, ragen bis in die Mitte der Gesellschaft hinein, wie die Nachrichten über prügelnde (Ex-)Partner, die Frauen als Besitz betrachten und sie eher töten als freigeben, deutlich machen. Das hat auch mit dem Backlash der Einstellungsmuster zu tun, die Freiheiten von Frauen in Beziehungen und sozialen Kontexten, z.B. auch religiösen, wieder einzuschränken. Indem man diesen Frauen ihre Lebensumstände vorwirft und sie auf Persönlichkeitsmerkmale zurückführt, etwa durch Zuschreibungen wie „sittliche Verwahrlosung“, wirken alte Stigmatisierungen weiter. Es gibt Menschen, für die diese Frauen als „Freiwild“ gelten. Die Statistik des Bundesinnenministeriums (BMI) weist für die Jahre 2018 bis 2023 aus, dass Fälle von sexuellen Belästigungen, Übergriffen und Vergewaltigungen gegenüber obdachlosen und wohnungslosen Frauen deutlich gestiegen sind.

Vom Obdachlosenhass zu „Happy Slapping“

Der Bielefelder Wissenschaftler Wilhelm Heitmeyer hat sich intensiv mit Zuschreibungen von Ungleichwertigkeit beschäftigt und das Konzept der gruppenbezogenen Menschenfeindlichkeit erarbeitet. Es besagt, dass Personen unabhängig von ihrem individuellen Verhalten aufgrund tatsächlicher oder auch nur unterstellter Merkmale einer Gruppe zugeordnet und diskriminiert werden. Diese Abwertung erleben z.B. häufig Menschen mit Migrationshintergrund, Homosexuelle und Frauen mit Kopftuch, aber auch solche, die mit Etiketten wie jüdisch, behindert, transsexuell etc. belegt werden. Unter Gesichtspunkten ökonomischer Leistungsfähigkeit trifft soziale Missachtung aber auch Langzeitarbeitslose, Wohnungslose, Suchtkranke.

Der Historiker und Publizist Lucius Teidelbaum hat in seiner Schrift “Obdachlosenhass und Sozialdarwinismus“ (2014) auf die besondere Schutzlosigkeit Wohnungsloser aufgrund fehlender Rückzugsmöglichkeiten hingewiesen. Dadurch sind sie als Opfer „verfügbar“. Es sind oftmals kleine Gruppen junger Männer, die sich an Schwächeren und sozial Benachteiligten abreagieren; die „Penner klatschen“, sie ausrauben, anpinkeln, sie mit Tritten und Schlägen oder durch sexualisierte Gewalt traktieren. Mitunter werden die Übergriffe mit dem Handy gefilmt und später mit anderen geteilt. „Happy Slapping" lautet der Fachbegriff dafür, wenn die meist jugendlichen Täter die Körperverletzungen aufzeichnen und die Opfer dadurch zusätzlich erniedrigen. Damit stellen sich die Täter als überlegen zur Schau und geben mit ihren Fotos und Videos die geschundenen Wohnungslosen ein weiteres Mal der Verachtung und Entwürdigung preis. Das ist mit ein Grund dafür, weshalb solche Übergriffe häufig folgenlos bleiben: Die Opfer schämen sich und zeigen die Taten nicht an. Manche auch, weil sie möglicherweise aufgrund der Erfahrungen vertrieben zu werden, kein Vertrauen in die Polizei haben.

Diese soziale Diskriminierung, die die Schwächsten der Gesellschaft als ungleichwertig ablehnt, wird als Klassismus bezeichnet und ist oft mit rechtsextremen Einstellungsmustern verbunden. Sie folgen der nationalsozialistischen Ideologie, es gäbe wertvolle und „unwerte" Menschen. Daher rechnet Lucius Teidelbaum Angriffe auf Obdachlose und sozial Unterprivilegierte der politisch motivierten Kriminalität zu.

In einem Computerspiel zur US-amerikanischen Erfolgsserie „South Park" gilt es, das „Obdachlosenproblem" von South Park zu lösen, indem man alle „Pennerverstecke" ausfindig machen und die Obdachlosen verprügeln muss. Ist das Mainstreamunterhaltung oder Satire? In jedem Fall wird so der Verfestigung von Einstellungsmustern gegenüber den Schwächsten der Gesellschaft Vorschub geleistet, wie auch die Verbreitung entsprechender Gewaltvideos, mit denen sich Täter im Netz brüsten, zeigen.

Verelendung und Vertreibung

In vielen Städten Deutschlands hat die Verelendung durch Obdachlosigkeit und Drogenkonsum in den vergangenen Jahren sichtbar zugenommen. Neben zu wenig bezahlbarem Wohnraum, Zuzug von Geflüchteten und EU-Migranten, billigen und schlechten Drogen, die Folgen von Corona, die Verteuerung der Lebenshaltungskosten durch Ukrainekrieg und Energiekrise gehören entscheidend die wachsende soziale Ungleichheit dazu. Der paritätische Armutsbericht 2024 zählt 15,5 Prozent der Bevölkerung Deutschlands zu den Armen. Hauptbetroffene sind „Alleinerziehende, junge Erwachsene und Rentner*innen, wobei die Altersarmut stark weiblich geprägt ist." Gleichzeitig wächst die Zahl der Reichen und Superreichen.

Die auseinanderklaffenden Lebenslagen treffen in den Innenstädten sichtbar aufeinander. Die Einen wollen ungestört Kultur und Gastronomie genießen. Andere nutzen die hohe Frequenz von Passanten zum Betteln, für Substanzeinkauf und -konsum oder Drogengeschäfte. Im Umfeld von Neumarkt und Ebertplatz in Köln, aber auch an vielen weiteren belebten Stadtplätzen, sind Ordnungskräfte unterwegs, denn noch mehr als Aggressivität und Kriminalität nehmen Ablehnung und Beschwerden durch die Bevölkerung zu.

„Wir leben in Zeiten, da in der Not auch der einzelne das wird nehmen dürfen, was er zur Erhaltung seines Lebens und seiner Gesundheit notwendig hat, wenn er es auf andere Weise, durch seine Arbeit oder Bitten, nicht erlangen kann."

Kardinal Frings, Silvesterpredigt 1946

„Wer aber sich in äußerster Notlage befindet, hat das Recht, vom Reichtum anderer das Benötigte an sich zu bringen."

II. Vatikanisches Konzil, „Gaudium et spes" 1965

Viele Innenstädte reagieren mit einer Vertreibungspolitik, um das kaufkräftige Publikum nicht abzuschrecken. Wer in einem Straßencafé vor einem Aperol Spritz sitzt, wird hofiert. Wer einige Meter entfernt am Straßenrand sein Billig-Bier trinkt, muss mit einem Platzverbot rechnen.

Es gibt in Teilen der Gesellschaft einen verstärkten Wunsch nach Repression. Manch einer schaut neidisch nach Ungarn, wo Präsident Viktor Orbán 2018 das Verbot erlassen hat, auf der Straße zu schlafen. Wer nicht in einem Massenasyl übernachtet, wird von der Polizei aufgegriffen und mit Haftstrafen belegt.

Auch in Köln gibt es Menschen, für die Obdachlose eher ein ästhetisches als ein soziales Problem darstellen. Hauptsache ist, sie bleiben von deren Anblick verschont. Die Kölner Tagespresse berichtete über verzweifelte Geschäftsleute und die Beschwerden der ehemaligen Dombaumeisterin über die vielen Obdachlosen, die ihrer Meinung nach für Urin und Unrat rund um den Kölner Dom verantwortlich sind. Sie brachte sogar ein Aufenthaltsverbot ins Spiel. Doch in einer Stadt, in der jegliche Toilettenbenutzung kostenpflichtig ist, haben Straßenobdachlose es auch besonders schwer. Der Grat zur Menschenfeindlichkeit ist schmal. So auch bei einem Nutzer des Blogs der Kölner Verkehrsbetriebe, der sich über die Situation am Neumarkt äußert, wo sich nicht nur eine zentralen Umstiegshaltestelle, sondern auch ein Treffpunkt für Drogenkonsumenten und Obdachlose befindet.

Die Verwahrlosung sehen viele als das eigentliche Übel. Manche, die seit langem auf der Straße leben, haben sich weit von den üblichen sozialen und hygienischen Standards entfernt. Doch sie zu verdrängen verschiebt das Problem, ohne es zu lösen.

Feindliches Design

Damit ein Obdachloser nicht mehr in einem Ladeneingang nächtigt, wo er Urin und Kot hinterlassen hat, wurde in einer Kölner Geschäftsstraße versucht, ihn mit Nagelbrettern fernzuhalten. Diese Maßnahme rief große Empörung hervor und wurde sofort unterbunden. Gängig ist jedoch mittlerweile der Einsatz von Gittern, Findlingen, Spikes, Absperrungen oder ähnlichen Hilfsmitteln, um die Nutzung von überdachten Einbuchtungen, Fensterbänken oder Sitzgelegenheiten als Schlafgelegenheiten durch diejenigen zu unterbinden, die gesellschaftlich ausgegrenzt sind. Wo Design und Material verhindern, dass sich jemand niederlassen oder hinlegen kann, spricht man von Defensiver Architektur oder auch Feindlichem Design.

An einer belebten Geschäftsstraße in Köln-Kalk hatte 2022 ein obdachloses Paar sein Lager vor einem Drogeriemarkt aufgeschlagen. Entlang der Schaufensterzone reihten sich Matratzen und Schlafsack, Decken, Koffer und Tüten mit Kleidung und anderen Habseligkeiten. Streetworker nahmen Kontakt auf und da das Paar sich unauffällig verhielt, wurde es geduldet. Als der Mann zunehmend Alkohol trank, kam es vermehrt zu Beschwerden von Passanten. Schließlich wurde das Ordnungsamt eingeschaltet, denn laut Stadtordnung § 11 ist es im gesamten Kölner Stadtgebiet verboten, „zu lagern oder einen Schlafplatz einzurichten oder zu nutzen".

Das Lager wurde geräumt und jegliche Habe auf den Müll geworfen. Das Paar blieb sich selbst überlassen. Vor dem Laden stehen nun Blumenkübel. Zur Dekoration der Straße auch, aber vorrangig als Abwehrmaßnahme, damit der Raum vor den Schaufenstern nicht mehr als Schlafplatz genutzt werden kann. Auch das ist Feindliches Design.

Kölner Stadt-Anzeiger

09.12.2022

Nach Beschwerden

Ordnungsamt räumt Obdachlosen-Lager in Kalk – Sachen landen im Müll

Mitarbeiter des Ordnungsamts räumen am 8. Dezember ein Obdachlosen-Lager in Kalk.
Copyright: Demirci

Mitarbeiter des Ordnungsamts haben ein Lager von Obdachlos Dabei landeten mehrere Habseligkeiten der Betroffenen auf de Köln erklärt und rechtfertigt die Aktion.

EXPRESS 18.04.2022, 09:58

Betten vor Schaufenster aufgeschlagen: Obdachlose lagern vor Drogerie-Markt – das sagen Stadt und dm

Copyright: EXPRESS.de - Passanten laufen an dem Lager der Obdachlosen vor der dm-Filiale in Köln-Kalk entlang. Das Foto wurde am 11. April 2022 gemacht.

In Kalk haben Obdachlose ihr Lager vor einer Filiale der Drogerie-Kette dm aufgeschlagen. Stadt und Polizei sind alarmiert.

Obdachlosigkeit hat viele Gründe. Job weg, Frau weg, Wohnung weg. Oft sind es Schicksalsschläge, durch die Frauen und Männer auf der Straße landen. Auch in Köln-Kalk haben Obdachlose ihr Lager aufgeschlagen – allerdings an einer eher ungewöhnlichen Stelle.
Auf der Kalker Hauptstraße, direkt vor einer dm-Filiale, reihen sich ihre Schlafstätten vor dem Schaufenster des Drogerie-Marktes. Decken, Kissen, Plüschtiere, außerdem Koffer, Kisten und Tüten mit ihrem wenigen Besitz.

Obdachlose vor dm in Kalk: Kundin beschwert sich über Ordnungsamt

Diese lägen dort bereits seit Monaten, behauptet dm-Kundin Anna R. (66) gegenüber EXPRESS.de. „Seit einigen Tagen sind sie schon zu viert." Besonders abends sei es als Frau äußert unangenehm, dort entlang zu gehen.
„Obwohl ich bereits mehrfach beim Ordnungsamt angerufen habe und mir mitgeteilt wurde, dass diese Angelegenheit vorliegt, geschieht nichts", beklagt Anna R. „Wie soll man das Kindern erklären, dass erwachsene Leute mit offenem Mund mitten auf der Straße rumliegen?" Sie fühlt sich in dieser Situation hilflos und allein gelassen.

Kalker Hauptstraße: Obdachlose liegen nicht auf Mietfläche von dm

EXPRESS.de hakte bei dm nach. Kerstin Walschburger, dm-Gebietsverantwortliche, bestätigt: „Es ist richtig, dass sich vier Obdachlose vor unserem dm-Markt in der Kalker Hauptstraße 114 niedergelassen haben. Diese sind soweit unauffällig zu unseren Kundinnen und Kunden sowie zu unseren Mitarbeiterinnen und Mitarbeitern."

„Ordnungsamt kommen hier. Ganze Klamotten weg."

Interview mit Marzenna (40)

Dienstag, 06. Dezember 2022, ca. 13 Uhr: Marzenna wurde am 17. Februar 1982 im polnischen Krynica-Zdrój in der Nähe von Krakau geboren. Mit ihrem Freund Jazek übernachtet und wohnt Marzenna etwa seit einem Jahr vor einer dm-Filiale in Kalk. Gerade war das Ordnungsamt da und hat ihr Hab und Gut entfernt und die beiden vertrieben.

Christiane: Um wie viel Uhr ist das Ordnungsamt gekommen?
Marzenna: Heute, zehn Uhr, Ordnungsamt kommen hier. Ganze Klamotten weg! Keine Schlafsäcke – nichts mehr! Was jetzt?

Habt ihr das gesehen, als alles weggenommen worden ist?
[bestätigend] Hm-hm!

Hat man euch gesagt „Nehmt euch euren Schlafsack, sonst wird der entsorgt?
Nein! Diese Mann von Ordnungsamt sagen „Nein! Du muss weg!" Ich reden mit diese Mann. „Das nich meine Problem!" hat er gesagt.

Seit wann bist du in Deutschland?
Sieben Jahre.

Und gab es einen Grund, Polen zu verlassen?
Ich gekommen nach Deutschland, weil meine Ex-Mann arbeiten Mannheim. Normale Wohnen, später meine Kinder kommen. Dann Schule kommen. Ich normale arbeiten. Später meine Ex-Mann kommen in Knast. Er hat mich immer geschlagen. Er kommen wieder zu Hause. Immer schlagen. Dann ich kommen Straße.

Ihr wart also in Mannheim zu Hause? Und dein Mann war gewalttätig. Wo sind die Kinder heute?
Zwei große Kinder ist Mannheim, normale arbeiten, normale wohnen.

Du hast zwei große Kinder. Wie alt sind die?
Meine Tochter Magdalena, 21 Jahre jetzt, Arbeiten Mercedes jetzt. Meine Sohn Gewerbe machen. Baustelle! Arbeiten.

Wie alt ist denn dein Sohn?
22.

Ah ja! Und dein Bruder wohnt auch in Mannheim?
Ja, mein Bruder. Ja!

Seit wann bist du denn in Köln?
Zwei Jahre frieher.

Also vor zwei Jahren bist du nach Köln gekommen.
Kommen Arbeit. Arbeit: Erdbeeren machen. Julich!

Du kamst zur Erdbeerenernte nach Jülich.
Ja! Aber: diese Firma ist falsch. Ich keine Geld bekommen.

Und bist dann hier in Köln auf der Straße gelandet.
Ja. ja. Zweiundhalbe Jahre.

Bist du denn noch mit deinem Mann verheiratet?
[bestätigend] Aa-a-a-a. Meine Ex-Mann,... meine Mann – er immer Kontakt für mich. Aber ich will keine Kontakt!

Du hast mir schon mal erzählt, dass du wegen ihm im Gefängnis gewesen bist, …
Hmm!

… weil dein Mann Rechnungen nicht bezahlt hat. Wie lang bist du im Gefängnis gewesen?
Achtzehn Tage. Meine Ex-Mann Auto kaufen und Versicherung für diese Auto meine Name!

… und die Versicherung lief über deinen Namen?!
Ja! Meine Name. Ich kommen Knast!

Dann bist du achtzehn Tage im Gefängnis gewesen, wegen einer Versicherungstrafe …
Achtzehn Tage: ja, ja! Ja, ja!

... die aber eigentlich dein Mann hätte bezahlen müssen. Wie bist du denn gefunden worden – von der Polizei? Wusstest du, dass die dich suchen?
... Normale Kontrolle von Polizei! Hier! Kaufland. Normale Kontrolle: „Frau Totto muss kommen Knast!"

Es gab ja keine Verhandlung, kein Urteil. Wie hoch war denn die Geldstrafe?
Eh: 1300 €.

Wann war das – ungefähr?
Diese Jahr. Zweite August ich fertig mit Knast.

Wie war der Gefängnisaufenthalt? Du bist ins Gefängnis gekommen in eine Zelle ... erzähl mal!
Kleine Zelle!

Was hast du für Erinnerungen?
Ich kommen Ossendorf. Kleine Zelle. Ich trinken Wasser vom – eh – ...

... vom Hahn ...
Ja! Essen Morgen – drei kleine Brot – Brot und eine Margarine. Später ... Freitag meine Herz nicht normal. Ich krank von meine Herz, viel Schmerzen für mich. Ich klingeln, klingeln, klingeln, klingeln! Eine Mann kommen meine Tür – aber nicht öffnen – „Was ist los?" „Meine Herz: Schmerzen! Bitte Tabletten!" Aber diese Mann: „Nein! Du muss warten Montag!" Das ist Freitag – warten Montag!

Wie bist du mit den Schmerzen dann zurecht gekommen?
Nein!! Ich schlafen – sitzen – schlafen – sitzen – Ich klingeln – immer Beamte kommen: „Muss warte Montag!"

Aber was ist dann Montag passiert?
Ich warte – aber bis Montag ist besser ... ich keine Arzt. Montag bei mir ist besser!

Ah! Dir ist es besser gegangen!
Jaja! Ja.

Dich hat kein Arzt besucht?
Keine. Keine!

Hat überhaupt jemand mit dir gesprochen?
Ja! Polnische Frau reden für mich: Muss kommen Arzt – aber heute nicht, morgen nicht! „Ah! Frau Toczek! Zehn Tage: eh – weg!" Zehn Tage fertig...

Hmm! Die haben gesagt: „Sie sind ja sowieso nur noch zehn Tage da, …" – Richtig?
Jaja! Ja.

Hat niemand mitbekommen, dass du eigentlich obdachlos bist und hier auf der Straße lebst? Wurde das im Gefängnis mal angesprochen?
Ich alleine normale Wohnung in Humboldt! Ich kommen Knast. Später ich fertig Knast – kommen wieder in Humboldt in Straße Pulvermühle. Die Frau in Büro mir sagen – für mich keine Wohnung mehr!

Du hattest die Wohnung über eine Einrichtung?
Ja. Eine Sozialarbeiter … Herr Köhl … eh, ne, Herr Kolln – mir Wohnung machen. Ich da zwei Monate. Diese Wohnung: supa! Dann Problem und ich kommen Knast! Ich später zurück. Eine Frau mir sagen … keine Wohnung – meine Klamotten – alles in Keller!

Man hatte dir also eine eigene Wohnung An der Pulvermühle vermittelt?
Eh ja, ja! Aber jetzt? Keine! Und keine Geld.

Dezember 2024, Ehrenstraße

„Ich würde alles dafür geben, dass die Obdachlosigkeit abgeschafft wird."

Interview mit Mine (42)

22.03.2023, In einem Café nahe des Kölner Neumarkts spreche ich mit Mine. Sie ist bereit, über sich und ihr Leben, in dem sie Drogensucht, Obdachlosigkeit und Haft erlebt hat, Auskunft zu geben. Inzwischen konnte Mine sich stabilisieren und lebt in einer eigenen Wohnung.

Mine: Ich bin Jahrgang 1982, jetzt also 42 Jahre alt. Aufgewachsen bin ich in Bonn bei meiner Mama und ihrem Lebensgefährten. Da habe die Grundschule besucht, dann die Hauptschule und habe den Realschulabschluss gemacht. Danach war ich im Robert-Wetzlar-Berufskolleg auch in Bonn, wo ich eine Ausbildung zur Hauswirtschafterin gemacht habe. Nach dem Abschluss begann ich noch eine zweite Ausbildung zur Kinderpflegerin, die habe ich aber abgebrochen. Mit 17 wurde ich vergewaltigt, das hat alles verändert. Die Vergewaltigung war auch der Grund, weshalb ich mit 18 Jahren an die Droge Heroin gekommen bin.

Christiane: Deine Kindheit, deine Schullaufbahn – das lief also zunächst in relativ geordneten Bahnen. Allerdings bist du nicht mit deinem richtigen Vater aufgewachsen. Deine Eltern waren getrennt?

Ja, sie waren getrennt. Aber ich habe meinen Vater regelmäßig gesehen. Wir haben nicht weit voneinander entfernt gewohnt. Ich habe auch öfters bei meinem Vater übernachtet. Wir hatten ein super Verhältnis. Auch nachdem sich die beiden getrennt hatten, haben sie sich super verstanden. Ich hatte eine wundervolle Kindheit, ich bin behütet aufgewachsen, mit sehr viel Liebe und ich habe immer alles bekommen, was ich wollte. Ich war ein glückliches Kind. – Ja, bis zu dem Zeitpunkt, als ich auf einen Mann reingefallen bin. Eher gesagt, war es ein Junge, der mich mit 17 Jahren entjungfert hat. Gegen meinen Willen. Es war Vergewaltigung. Daraufhin wollte ich ein halbes Jahr lang nicht mehr rausgehen und habe die Wohnung nicht mehr verlassen. Ich war damals in der Ausbildung zur Kinderpflegerin und während meine Mutter dachte, ich wäre zur Schule gegangen, habe ich mich jeden Tag im Keller versteckt. Deshalb habe die Ausbildung abgebrochen, weil ich aufgrund der Vergewaltigung nicht mehr vor die Tür gegangen bin.

Und nach dem traumatischen Erlebnis hast du Zuflucht zu Drogen genommen?
Als ich das erste Mal Heroin geraucht habe, wusste ich noch nicht, dass es Heroin ist. Aber es hat mir in dem Moment geholfen zu vergessen, was mir passiert ist. Meine Alpträume sind weggegangen. Ich träume auch heute noch fast jede Nacht von diesem Erlebnis. Anfangs hat mir das Heroin dabei geholfen, nicht nur das Erlebnis zu verdrängen – ich habe kaum noch geträumt. Als ich dann jedoch draufgekommen bin, war das mit dem Verdrängen vorbei. Der Körper hatte sich an das Heroin gewöhnt und ab da funktionierte das Verdrängen der Alpträume und der Gedanken an das Erlebnis nicht mehr.

Wenn du da immer noch dran denkst, hat dir keine Therapie geholfen?
Ich habe keine Therapie gemacht, keine Traumatherapie, weil ich kaum über das Thema reden kann. Immer wieder drängt es sich in den Vordergrund und das ist für mich unerträglich. Ich kann keine Fragen dazu beantworten und nicht über die Details reden.

Du warst 17 Jahre, als du vergewaltigt wurdest und das hat dich aus der Bahn geworfen. Dann kam das Heroin hinzu. Wie ging deine Geschichte weiter?
Ich war 18, als ich mit Drogen begonnen habe. Dann habe ich mit meinem damaligen Freund angefangen zu dealen. Wir haben auch weitere Straftaten begangen, wofür wir auch verurteilt worden sind. Ich bin mit 24 Jahren zum ersten Mal ins Gefängnis gekommen.

Am 19.12.2005 wurde ich festgenommen, das war abends, als ich gerade beim Weihnachtsgeschenke-Einkauf war. Ich bekam zehn Monate auf Bewährung. Aber die Bewährung wurde widerrufen. Ich hatte noch zwei andere Haftstrafen offen. Eine von zwei Jahren, eine von anderthalb Jahren. Somit hatte ich viereinhalb Jahre. Wenn man in Köln als Frau für mehr als drei Jahre in Haft muss, wird man nach Willich verlegt. Das ist der Knast für Langstrafen. Ich kam am 26.06.2006 nach Willich und war da ein halbes Jahr.

Aber dort bist du nicht geblieben?

Nein, ich habe mich nach Köln zurückverlegen lassen, weil ich durchgesetzt hatte, dass ich dort mein Abitur machen konnte. Ich hatte von draußen schon Fachabitur. Aber das habe ich dann in der Haft erneuert. Darum kam ich zurück nach Köln. Von da bin ich 2007 zum ersten Mal zur Therapie entlassen worden. Die Therapieeinrichtung hat mich aber nicht aufgenommen, weil ich positiv auf Heroin war. Daraufhin war ich wohnungslos und habe drei Monate im Sebastian-Haus in Bonn-Endenich geschlafen. In der Zeit bin ich ziemlich tief abgestürzt. Im Februar 2008 bin ich wieder festgenommen worden und kam für fünf Monate in den Knast. Im Juni kam ich wieder auf Therapie raus und war für dreieinhalb Monate in der Fachklinik Haus Aggerblick. Aber dann habe ich erneut die Therapie abgebrochen. Nach nur drei Wochen draußen wurde ich wieder festgenommen. Mein halbes Leben habe ich in Haft verbracht!

Bin nach 2009 wieder auf Therapie raus und kam nach Schloss Bornheim, habe dort einen Mann kennengelernt, bin mit ihm raus aus der Therapie – also wieder abgebrochen. Wir haben in Bonn zusammengelebt, im Sebastian-Haus. Später waren wir zusammen in Wuppertal obdachlos.

Wo habt ihr da genau Platte gemacht?

Es war ein altes Gebäude, das Arbeitsamt, das zu Apartments umgebaut werden sollte, aber die Bauarbeiten hatten noch nicht begonnen. Wir haben uns da im Keller verschanzt. Ich habe uns in einem ganz hinteren Raum ein eigene kleine Wohlfühloase eingerichtet. Da haben wir drei Monate geschlafen. Im Keller vom Arbeitsamt in Wuppertal bei minus 17 Grad auf zwei Matratzen mit zwei Schlafsäcken. Dann wurde ich wieder festgenommen, war 2011 bis 2012 wieder in Haft, bin rausgekommen und habe wieder einen neuen Mann kennengelernt. Von dem bin ich schwanger geworden und habe eine Tochter bekommen. Aber ich habe mich von ihm getrennt, weil er gewalttätig war.

Du hast eine Tochter?

Ich habe zwei Töchter. Meine Große ist 19, meine Kleine ist acht. Die Große lebt beim Opa väterlicherseits. Die Kleine ist in Pflege.

Die leben also beide nicht bei dir. Das ist bestimmt nicht einfach. – Warum warst du so oft in Haft? Hast du gedealt?

Zuerst wegen BTM-Handel und Einfuhr, weil ich das Heroin aus Holland nach Deutschland eingeführt habe. Aber dann auch Drogenverkauf und Diebstahl aufgrund von Drogenmissbrauch. Abhängige finanzieren ihren

Konsum eben durch Diebstähle oder Raubüberfälle, es wird gedealt oder anschaffen gegangen. Bei mir war es meistens wegen Schwarzfahrens oder wegen Ladendiebstahls. Aber immer nur Kleinigkeiten wie Lebensmittel aus dem Supermarkt. Zwei Mal habe ich Parfüm geklaut, was ich für meinen Konsum verkaufen wollte. Ansonsten ging es immer um Schwarzfahren. Aber die Geldstrafen sind verdammt hoch: 900 € für mehrmals Schwarzfahren.

Du warst dein halbes Leben im Knast, hast du vorhin gesagt. Wie war das für dich? Hattest du Arbeit? Bekamst du Besuch? Wie war der Kontakt zu den Mitgefangenen? Wie war der Kontakt zu den Bediensteten?
Dadurch, dass ich so oft in der JVA war und mich die Bediensteten dort alle kennen, auch die Arbeitsbeamten, habe immer sehr schnell Arbeit bekommen, meistens so nach vier Wochen. Das war für mich gut. Ich habe auch meistens schnell eine Einzelzelle bekommen. Wenn ich in der Haftzeit einen Lebensgefährten hatte, bekam ich auch Besuch. Ich war mit einem Mann vier Jahre zusammen, wovon ich 14 Monate in Haft war. Während unserer Beziehung hat er mich jede Woche besucht. Ich hatte immer Glück, was das anging. Wenn ich in Haft war, hatte ich jemanden an meiner Seite, so dass ich regelmäßig Besuch bekam. Mit den Mitgefangenen bin ich eigentlich auch super klargekommen. Aber ich bin jemand, der gerne für sich selbst ist. Ich habe nur wenig Umschluss gemacht. Ja, klar gab es immer mal ein oder zwei Leute, mit denen man mehr Kontakt hatte. Aber mehr sollte man nicht haben, weil das gibt nur Ärger. Die Frauen im Knast sind oft unerträglich, finde ich. Mit den Bediensteten hatte ich weniger zu tun. Die sind vor der Tür, ich bin hinter der Tür. Die schließen mich ein. Denen vertraue ich nicht. Sport habe ich immer gemacht. Ich bin sehr sportlich.

Und wie war das mit Drogen im Knast? Ist das Gefängnis eine Drogen-WG?
Kommt drauf an. Zu dem Zeitpunkt, als ich das erste Mal in Haft war, gab es vielleicht im Gefängnis mehr Drogen als draußen.

Das wird sich wahrscheinlich jetzt geändert haben, weil heute auch die Haft-Bedingungen deutlich strenger geworden sind. Ich meine, es ist ja schon ganz gut, dass der Knast dazu dient, dass man erst mal nüchtern wird. Das ist doch vernünftiger, als wenn auch in jeder Zelle noch geballert wird. Wie siehst du das, dass heute weniger erlaubt ist als Anfang der 2000er Jahre, als du im Knast warst?
Ich finde gut, dass sie einige Sachen geändert haben. Allerdings finde ich nicht gut, dass man sich für

Einkäufe kein Geld mehr schicken lassen darf und dass man keine Pakete mehr bekommen kann. Lebensmittelpakete sind nicht mehr erlaubt, obwohl die ja sowieso immer kontrolliert wurden. Die haben halt auch Sachen geändert, die nicht hätten geändert werden müssen. Dass man beim Besuch keine Kleidung mehr reingeben darf, ist richtig, weil dadurch am meisten die Drogen reingekommen sind. Der Besuch ist halt der größte Drogenumschlag von der ganzen Haft.

Heute aber wohl nicht mehr unbedingt. Denn erst mal wird man polizeilich durchleuchtet und als Besucher abgetastet. Das ist wie beim Zoll. Von daher kann ich mir gar nicht mehr vorstellen, dass das möglich sein soll, heute bei einem Besuch Drogen rein zu schmuggeln. Und außerdem ist man durch eine Plexiglasscheibe von dem oder der Gefangenen getrennt und sogar der Fußraum ist zugebaut, damit man sich nicht über die Füße irgendwas zuschieben kann.
Die Trennscheibe war wegen Corona. Die wird wieder abgebaut und man sitzt eng nebeneinander, so wie wir jetzt gerade nebeneinander sitzen.

Beim Besuch sitzt man sich doch gegenüber.
Mittlerweile gibt es wieder Tische. Ich muss da sitzen und hier (Mine zeigt den Abstand, der keine Armlänge umfasst) sitzt der Besuch. Ich habe in den letzten Monaten mit meinem Mann Hand in Hand gesessen.

Das durftet ihr?
Ja, nachdem die Corona-Schutzmaßnahmen gelockert wurden. Aber bevor das mit Corona war, haben die Drogen über den Mund eingeführt.

Ihr durftet euch küssen?
Vor der Pandemie hatten wir uns im Arm. Wir durften uns küssen, umarmen, da war alles möglich. Es wurde nur wegen Corona verboten und deswegen gab es auch die Trennscheibe. Wir mussten auch Masken tragen, beim Besuch und auch bei der Arbeit. Das hatte nichts mit den Drogen zu tun.

Und wie ging es nach dem Gefängnis für dich weiter? Wie bist du letztlich von der Straße weggekommen?
Nach der Entlassung habe ich meine Tochter bekommen. Dann aber habe ich mich vom Vater getrennt, weil er mich geschlagen hat. Man hat mich von der kleinen Tochter getrennt, die ist in Pflege. Das ist halt alles auch durch meine Drogensucht so gekommen.

Danach habe Mario getroffen, bin mit ihm zusammengekommen. Er hat seit 2008 eine Wohnung und ich bin halt zu ihm gezogen. Wir haben geheiratet und waren sechs Jahre zusammen. Seit wir zusammenkamen, habe ich erst über dreieinhalb Jahre seine Oma gepflegt und danach seine Mutter, also meine Schwiegermutter. Sie ist im letzten Jahr verstorben und hat ihm eine Wohnung vererbt, die Mario verkauft hat. Als er das Geld dafür bekam, war das sein Todesurteil.

Wie ist das gemeint?
Er ist im Januar Monat für fünf Tage bei jemand in Kalk gewesen. Bei dem hat er Koks konsumiert und ist vergiftet worden. Ich vermute, dass er aufgrund seines Geldes dort festgehalten wurde, denn er ist fünf Tage nicht nach Hause gekommen. Aber die Polizei wollte keine Vermisstenanzeige aufnehmen. Sie sagten, dass mein Mann hingehen könne, wohin er will. Wenn er in der nächsten Woche noch nicht zu Hause sei, soll ich noch mal wiederkommen.

Dabei hatte ich den Beamten gesagt, dass er mit einem Milieu zu tun hat, mit dem nicht zu spaßen ist. Er war in Kalk bei Koks-Dealern, bei Leuten, die kiloweise verkaufen und die noch ganz andere Sachen machen. Da wurde er festgehalten. Aber das wollte die Polizei mir nicht glauben. Und vorletzten Monat, am 18. Januar, ist mein Mann an einer Vergiftung gestorben.

Erst mal herzliches Beileid. Das sind ja alles schlimme Erlebnisse. Du wohnst noch in der gemeinsamen Wohnung?
Ja. Da er jetzt verstorben ist, lebe ich dort seit zwei Monaten allein. Ich werde alles dafür tun, dass ich sie behalten kann.

Wie stehen die Chancen? Hast du gute Aussichten?
Ja, habe ich.

Warst du immer obdachlos, bis du Mario kennengelernt hast und bei ihm eingezogen bist?
Ich hatte kurzzeitig eine Wohnung in Bonn. Aber davor war ich halt entweder in Haft oder obdachlos und habe zwischen den Haftzeiten im Sebastian-Haus geschlafen.

Und das Sebastian-Haus ist eine gute Einrichtung in Bonn?
Ja, das ist für Obdachlose und Hartz-IV-Empfänger.

Ist das denn zentral gelegen in Bonn?
Ja, in Bonn-Endenich. Das sind vom Bonner Hauptbahnhof mit dem Bus nur zehn Minuten.

Du gehörst auf jeden Fall zu den Frauen, die einen größeren Aktionsradius haben: Wuppertal Köln, Bonn ...

Durch meine Lebensgefährten. Ich war immer jemand, der dann alles stehen und liegen gelassen hat und bin mit dem Mann mitgezogen. Z.B. nach Wuppertal. Da habe ich mit einem Mann zusammengelebt – erst einige Monate auf der Straße und dann im Arbeitsamt-Keller. Als ich den Vater meiner jüngeren Tochter kennenlernte, war ich anderthalb Jahre in Brühl. Das war wie gesagt, bevor ich Mario, meinen jetzigen Mann, kennenlernte. Ich bin zu ihm nach Chorweiler gezogen und da lebe ich jetzt allein.

Kann dir niemand die Wohnung streitig machen? Hatte er Kinder?

Das ist eine normale Mietwohnung, die gehört ihm nicht. Seine Mutter hatte eine Eigentumswohnung, die sie ihm vererbt hat. Er hat das Geld dafür bekommen und war nach fünf Tagen tot. Ich weiß nicht, wie viel Geld noch auf dem Konto ist. Das werde ich jetzt erfahren durch die letzte Familienangehörige, die noch lebt.

Und die kennst du auch?

Ja, das ist seine Oma. Ich habe bei denen gelebt und sie und ihre Tochter gepflegt. Ich habe ihr auch den Heimplatz besorgt und bin jeden Sonntag bei ihr im Heim gewesen.

Das zeigt, welche Kompetenzen du hast. Du bist also ein Teil von Marios Familie geworden.

Ja, ich habe auch Mama zu seiner Mutter gesagt und Oma zur Oma. Die waren wie meine eigene Familie.

Auch wenn der plötzliche Tod deines Mannes natürlich traurig ist, hast du immerhin eine Wohnung. Hast du denn jetzt alle Strafen abgesessen?

Ich habe die nicht abgesessen. Ich hab sie abgezahlt. Im Moment sind auch noch zwei Geldstrafen offen. 900 € und 400 €. Die zahle ich aktuell ab mit jeweils 15 € im Monat. Ich habe noch zehn Monate auf Bewährung und die beiden Geldstrafen, die ich abbezahle. Ich werde alles dafür tun, dass ich nicht wieder in Haft komme. Und ich hoffe, das klappt.

Was ist für dich denn das Schlimmste an der Haft?

Dass ich alleine bin und dass meine Liebsten nicht bei mir sein können. Jetzt habe ich keinen Mann mehr, nur noch meine zwei Kinder, die aber beide nicht bei mir leben. Wenn ich jetzt in Haft käme, würde mich niemand besuchen. Dann wäre ich ganz alleine. Ich glaube, das würde mich brechen.

Was waren denn die schlimmsten Erlebnisse in den vielen Jahren im Gefängnis, worunter

hast du am meisten gelitten?

Unter dem Verlust meiner Kinder. Ich habe meine ältere Tochter verloren, weil ich in den Knast musste. Deshalb ist sie bei Oma und Opa väterlicherseits groß geworden. Da wurde viel gegen mich gehetzt und jetzt habe ich zu meiner großen Tochter keinen Kontakt mehr. Jetzt sitze ich hier und versuche mein Leben in den Griff zu bekommen.

Einige Rückfälle habe ich in der Zwischenzeit auch gehabt, also drei Stück. Aber ich halte mich wacker und versuche mein Leben wieder zu ordnen. Ich bin derzeit im Methadon-Programm und beikonsumfrei und ich hoffe, ich werde weiter stark bleiben.

Ohne Beikonsum – d.h., dass du außer dem medizinisch verordneten Methadon keinerlei Tabletten oder andere Drogen nimmst, oder?

Wenn man sauber werden will, ist es glaube ich besser, erst mal Methadon als Überbrückung zu nehmen, um vom Heroin runterzukommen. Es ist im Prinzip eine Ersatzdroge. Methadon ist auch nicht gut für den Körper, aber besser, als die Droge selbst zu konsumieren. Ich würde jedem dazu raten, entweder Methadon oder noch besser Subutex oder Substutol [das ist ein Morphiummittel] zu nehmen. Es gibt auch flüssiges Heroin. Aber wenn man sich in diesem Fixerprogramm anmeldet, hat man mit seinem Leben abgeschlossen.

Warum?

Das ist betreutes Fixen. Die gehen doch nie wieder da raus. Die wollen doch gar nicht mehr clean werden. Die, die fixen da ihr 98-prozentiges Heroin.

Kann man das in Köln machen?

Im Gesundheitsamt geht das.

Ist das eine Perspektive für dich, ganz wegzukommen von den Drogen? Wenn man Methadon nimmt, ist das ja auch ein Ersatzstoff. D.h., dass man nicht komplett darauf verzichten kann oder möchte, oder? Am besten und auch am billigsten wäre es, eines Tages zu sagen: „So, das habe ich jetzt hinter mir und jetzt ist mein Leben so, dass ich das gar nicht mehr brauche“?

Auf jeden Fall möchte ich aus dem Methadon-Programm aussteigen. Ich bin derzeit dabei, mich herauszuziehen. Dann möchte ich eine Therapie machen und ein neues Leben anfangen. Dafür brauche ich sechs Monate, um Abstand zu gewinnen von Köln oder von den Leuten.

Warst du denn im Gefängnis auch im Methadon-Programm?

Als ich damals das erste Mal in Haft kam, gab es das noch nicht. Das wurde glaube ich erst 2009 oder 2010 eingeführt. Vorher gab es kein Methadon-Programm in Haft.

Wenn du jetzt auf die letzten 20 Jahre zurückblickst, auf die vielen Härten, die du erlebt hast, die Verluste und Rückfälle … Inwieweit hast du Hilfe bekommen über das kommunale Hilfesystem und durch Beratungsstellen oder im Gefängnis? Hattest du gute Sozialarbeiter? Wodurch ist dir am meisten geholfen worden?
Ich hatte damals, als ich anfangs in Haft war, einen super Sozialarbeiter, der Herr Meister, der hat alles für mich getan. Als ich in Therapie nicht angekommen bin und direkt wieder festgenommen wurde, nach nur fünf Monaten in Haft wieder auf Therapie rauskam … das ist alles der Verdienst meines Sozialarbeiters. Er hat immer sofort die Kostenzusage neu beantragt, damit ich einen neuen Therapieversuch starten konnte. Es war halt meine Schuld, dass ich die Therapie nicht durchgehalten und vorzeitig abgebrochen habe. Aber dieser Sozialarbeiter, der war super.

Und der hat dir auch geholfen, den Platz im Obdachlosenheim zu finden?
Das habe ich selbst gemacht. Ich bin hingegangen und habe gesagt, dass ich gerne da unterkommen möchte. Dann bin ich zum Stadthaus gegangen, habe mir eine Bescheinigung geholt, also eine Berechtigung zum Aufenthalt im Sebastian-Haus. Das wird dann von der Stadt bezahlt.

Das hast du also selbstständig in die Hand genommen. Und für Marios Oma hast du einen Heimplatz besorgt. Das ist beeindruckend. Wenn du ganz von den Drogen weggekommen bist, könntest du vielleicht eine Betreuerin für Leute in schwierigen Lebenslagen werden und ihnen helfen. Du kennst dich mit Ämtern aus und du bist auch Hauswirtschafterin. Vielleicht könntest du mit einem Job auf 450 € Basis einsteigen. Bei Betreuungsdiensten werden oft Leute gesucht.
Das würde ich sehr gerne machen, weil ich ein sozialer Mensch bin. Ich bin sozial eingestellt, arbeite sehr gerne mit z.B. älteren Menschen in Altenheimen, pflege gerne Leute. Ich habe nebenbei bei einem älteren Mann die Wohnung geputzt, bin für ihn einkaufen gegangen, so Sachen. Das ist genau das, worauf ich mich spezialisieren wollte. Mir würde es gefallen, wenn ich mich um Andere kümmern könnte. Aber wahrscheinlich ist das einfach deswegen, um meine eigenen Probleme zu vergessen.

Ja, das kenne ich von mir selbst.
Wenn du Anderen hilfst, dann vergisst du, was dir blüht.

Ja, das ist so, könnte von mir sein der Spruch. Nur dass ich keine Erfahrung mit Drogen habe – außer mit Marihuana. Etwas „Härteres" könnte ich mir für mich auch nicht vorstellen.

Ich habe früher nie Alkohol getrunken. In der letzten Zeit aber schon – seit mein Mann gestorben ist. Seit sechs Wochen trinke ich ein bisschen mehr. Mixery und Bier, Sahne-Likör, so was halt.

Aber noch bist du im Methadon-Programm. Dass du irgendwas nimmst, das sieht man auch deinen Augen an.

Ja, ich bin jetzt müde. Und ich habe etwas genommen gegen meine Schmerzen. Ich hatte zwei Schlaganfälle und bis vor kurzem bin ich am Rollator gelaufen, weil mein linkes Bein nach dem Schlaganfall taub war. Durch Reizstromtherapie und Physiotherapie fing es in meinem Bein wieder an zu kribbeln. Es war wohl ein Nerv im Rücken eingeklemmt, der sich nun gelöst hat und dadurch kann ich wieder laufen. Aber leider habe ich noch regelmäßig starke Schmerzen durch die schräge Körperhaltung. Das ist der Grund, weshalb ich viel Lyrica nehmen muss. Das ist ein Schmerzmittel, was auch etwas sediert.

Warst du denn jemals komplett drogenfrei in den letzten 20 Jahren?

Insgesamt elf Jahre. Als ich meine große Tochter geboren habe, war ich anderthalb Jahre, zweieinhalb Jahre clean. Dann war ich acht Jahre, wo ich in Haft war, komplett clean. Und später war ich noch mal eineinhalb Jahre clean zu der Zeit, als ich 2014 meine Kleine geboren habe. Ich bin rückfällig geworden, weil man sie mir weggenommen und nicht zurückgegeben hat.

Das waren dann auch wieder Schicksalsschläge, die dich in die Verzweiflung und in den Rausch getrieben haben. Für die Erziehung der Kinder muss man halt clean sein. Und das ist, glaube ich, noch ein Problem.

Ja, derzeit schon. Ich gebe mir ein Jahr, um komplett clean zu sein. Ich möchte jetzt noch im Methadon-Programm bleiben, dann in Therapie gehen. Aber im nächsten Jahr, spätestens im Februar, hoffe ich, dass ich komplett clean aus der Therapie raus bin.

Wo, in welchen Einrichtungen hast du früher oder auch aktuell Hilfe bekommen?

Da ist der SKM, also der Sozialdienst katholischer Männer. Aber der ist halt auch für Frauen. Der SKM hat auch eine Notschlafstelle, wo ich auch schon drei Monate mit meinem damaligen Freund aus Wuppertal gewohnt und geschlafen habe. Da darf man abends von acht rein, muss morgens um acht raus, muss dann morgens putzen, die Zimmer und die Badezimmer. Das ist eine Schlafmöglichkeit. Anschließend ins Kontaktcafé gehen. Dort gibt es was zu frühstücken und zwar umsonst – als Spende von einer Bäckerei. Und ja, SKM ist eine sehr große und gute Möglichkeit, wieder Fuß zu fassen. Die helfen einem auch aus der Obdachlosigkeit rauszukommen. Oft stecken sie die Leute erst mal in die Schmalbeinstraße. Das ist wohl so eine Art Wohnheim für Obdachlose. Ich selbst war noch nie da, aber manche gehen dann halt erst mal dahin und suchen sich von da aus eine Wohnung.

Was denkst du über Notunterkünfte? Du hast ja schon in einigen geschlafen.
Ich war beim SKM und beim SKF. Das Comeback ist eine reine Fraueneinrichtung und die sind echt super.

Bist du in einer Notunterkunft schon mal beklaut worden? Gab es da schlechte Erlebnisse?
Ja, man muss halt aufpassen, man darf nicht irgendwo was liegen lassen. Das sind halt meistens alles Diebe, die auch draußen klauen gehen, wenn man sein Handy liegen lässt oder so.

Schon mal was von Caya gehört?
Nein.

Das ist eine Einrichtung in der Arche. Die ist relativ neu in Köln und da kann man sich ärztlich betreuen lassen. Vielleicht kannst du das anderen Obdachlosen, die du vom Neumarkt kennst, erzählen. Das ist die Arche, wie Arche Noah, das kann man sich gut merken und da kann man ärztlich behandelt werden, umsonst.
Im SKM am Bahnhofsvorplatz ist auch immer ein Arzt oder Sanitäter da, die behandeln, wenn die Leute Abszesse haben, die behandeln die Abszesse, die verbinden, die geben Medikamente raus, z.B. Ibuprofen, Schmerzmittel. Ich habe da öfter Asthma-Spray bekommen.

Die Einrichtungen bieten Unterstützung. Wie ist es innerhalb der Szene? Gibt es Solidarität unter den Menschen, die auf der Straße leben, und wie ist es mit dem Zusammenhalt in der Drogenszene?
Früher war das häufig so. Die alten Bonner und die alten Kölner – die haben sich gegenseitig geholfen. Aber mittlerweile sind in den Szenen in Bonn wie auch in Köln nur noch fremde Leute, die aus irgendwelchen anderen Städten kommen. Das sind Leute, die hier in der Nähe irgendwo in der Therapie oder Entgiftung waren und dann hier hängengeblieben sind. Köln und Bonn sind reine Therapieplatten. Mittlerweile sind kaum noch echte alte Kölner da. Entweder sind sie tot oder sie haben mit der Szene nichts mehr zu tun. Und in Bonn ist genau das gleiche.

Und wie hat man sich früher geholfen, als noch die alte Szene da war?
Wenn da jemand „entzügig" war und ein anderer hatte et-

was, dann hat der etwas abgegeben oder mit Geld geholfen. Wenn man irgendwie Hilfe brauchte und man hat gesagt, ich muss zum Amt, hab aber Angst, allein zu gehen. Da war immer jemand, der gesagt hat: „Komm, ich gehe mit dir". Und ja, da war halt einfach der Zusammenhalt größer als heute.

Stell dir vor, du hättest in der Stadt etwas zu sagen und könntest etwas für Menschen in einer ähnlichen Lebenssituation wie deiner tun. Was würdest du gegen Obdachlosigkeit machen? Oder würdest du eher die Gefängnisse abschaffen?

Ich würde alles dafür geben, dass die Obdachlosigkeit abgeschafft wird, dass Hotels beispielsweise umgebaut werden zu Obdachlosen-Appartements. Es wurden kleine Baucontainer aufgestellt, um die Flüchtlinge unterzubringen. Und ich finde, es ist noch genug Platz. Es gibt genug Wiesen und riesengroße Felder, wo diese Baucontainer hinpassen würden, damit die Obdachlosen was haben, wo sie sich wohlfühlen können. Ich würde alles dafür tun, um das durchzusetzen.

Möchtest du selber in einem Container leben?

Von außen ist da Wellblech und so, aber innen sind das richtige Wohnungen. Ich habe die in Neu-Brück gesehen. Die sind farbig und auch schön gemacht.

Und was würdest du hinsichtlich der Gefängnisse tun?

Abschaffen jetzt nicht. Es gibt ja genug Kriminelle, die es verdient haben, im Gefängnis zu sein. Z.B. Menschen, die Kinder anfassen oder Frauen vergewaltigen, die Leute umbringen einfach aus Lust. Das Einzige, was ich abschaffen würde, wäre die Haft für kleine Geldstrafen und kleine Diebstähle – also so kleinkriminellen Kram. Die würde ich abschaffen. Aber Leute, die anderen Menschen wehtun oder egal, ob psychisch oder körperlich, die gehören in Haft oder in eine Psychiatrie.

Hast mal darüber nachgedacht, ob es vielleicht auch für diese Menschen Alternativen gibt?

Dann Psychiatrie eben. Wenn sie beispielsweise auf kleine Kinder stehen, dann haben die hier draußen nichts zu suchen. Dann brauchen sie ärztliche Hilfe und Therapiemöglichkeiten. Und wenn ich was zu sagen hätte, würde ich solche Psychiatrien schaffen, damit solche Menschen therapiert werden können. Aber wenn die Tat schwerwiegender ist, dann ist es gerechtfertigt, Menschen einzusperren.

Gesundheit und sozialer Status

Wesentliche Forschungsergebnisse zu den Auswirkungen sozioökonomischer Benachteiligung auf die Lebenserwartung und die psychisch-physische Verfassung sind Michael Marmot, dem Begründer der Sozialepidemiologie zu verdanken. Er erbrachte den Nachweis, dass sich entsprechend der Vermögensverteilung und gesellschaftlichen Schichtung von reich zu arm der Gesundheitszustand immer weiter verschlechtert und sogar mit früherer Sterblichkeit einhergeht. In seinen Studien untersuchte Marmot, welche Lebensbedingungen zu erhöhten Krankheitsrisiken führen, und machte dabei ein Bündel an Faktoren aus, die häufig mit einem prekären soziokulturellen Umfeld verbunden sind. Dazu zählen Ernährungsgewohnheiten, Alkohol- und Tabakkonsum, der Verzicht auf Urlaub, fehlender kultureller Alltagsausgleich, zu wenig Schlaf, aber auch das Wohnumfeld in Stadtrandgebieten, in dem es wenig Grün gibt, aber oft erhöhte Umweltbelastungen (Lärm, Schadstoffemissionen). Hinzu kommen Einflüsse wie dysfunktionale Familienverhältnisse, mitunter Gewalterfahrungen, wenig stärkende soziale Beziehungen, falsche Vorbilder und Stressoren durch Unsicherheit und Geldknappheit. Längst haben weitere Studien Marmots Ergebnisse untermauert. Heute weiß man, dass Menschen mit geringem Einkommen, Geringqualifizierte, Arbeitslose, Menschen mit niedrigen Bildungsabschlüssen, die in unzureichenden Wohnverhältnissen leben und nur geringe Partizipationsmöglichkeiten haben, deutlich häufiger von chronischen Krankheiten betroffen sind. Wenn Kinder unter solch belastenden Einflüssen aufwachsen, lassen sich epigenetische Veränderungen ausmachen, die dauerhaft ihre körperliche und mentale Gesundheit beeinträchtigen.

Michael Marmot sieht die Medizin in der Pflicht, mehr zu tun, als sich allein um akute gesundheitliche Beschwerden zu kümmern. Ärzte sollten sich gemeinsam mit anderen Akteuren für die grundsätzliche Verbesserung der Lebensverhältnisse engagieren. Am Beispiel der Straßenobdachlosen führt er die Notwendigkeit dieser umfassenden Betrachtung aus. Denn wenn deren körperliche Leiden kuriert sind und sie wieder zurück auf die Straße entlassen werden, kehren sie in das krankmachende Leben auf der Straße zurück. Dabei hat Marmot sowohl die körperliche Befindlichkeit wie auch die psychische Gesundheit im Blick. Sein Anliegen ist, dass Jeder und Jede individuelle Entwicklungspotenziale entfalten und Lebensqualität erleben kann.

So wie er haben auch weitere Medizinsoziologen sich grundlegend damit beschäftigt, wie Gesundheitsrisiken minimiert werden können. Aaron Antonovsky prägte den Begriff Salutogenese, übersetzt bedeutet es Gesundung. Er beschreibt, wie Menschen trotz Belastungen und widrigen Lebensumständen ihre Gesundheit aufrechterhalten

Januar 2024, Breite Straße

können und wie zu Stress und Druck auch Gegengewichte gebildet werden können, um in körperlicher und mentaler Balance zu sein.

Denn auch das Denken und Fühlen wird durch das Aufwachsen und Leben in Armut oder vor dem Hintergrund geringer materieller Ressourcen beeinflusst. Ein niedriger sozialer Status hat nicht nur physische, sondern auch seelische Folgen. Laut WHO gilt eine psychische Krankheit als bedeutsame Störung der Wahrnehmung, der Emotionsregulation oder des Verhaltens einer Person, die in der Regel mit Stress oder Beeinträchtigungen in wichtigen Funktionsbereichen verbunden ist. Dazu gehören traumatische Erlebnisse und Belastungsstörungen, Ängste, Depressionen, Süchte, Zwänge, Essstörungen, Borderline, Psychosen und Schizophrenie. Es ist nicht so, als sei man durch die materielle Ausstattung der Herkunftsfamilie davor gefeit, doch lässt sich aufzeigen, dass die Lebensverhältnisse am unteren Rand der Gesellschaft die Entwicklung von Abhängigkeiten und psychische Störungen begünstigen. Bei unzureichenden finanziellen Mitteln und/oder kognitivem Vermögen kommt die Angst vor weiterem Abstieg hinzu. Wichtig wäre, dass bereits bei Kindern Schutzfaktoren gestärkt werden. Viele Studien belegen, dass die Bedingungen im Kindesalter Auswirkungen auf Gesundheit und Wohlbefinden im Erwachsenenalter haben. „Kinder, die in finanziell ärmeren Familien aufwachsen, weisen epigenetische Profile auf, die mit einer schlechteren Gesundheit in Verbindung stehen. (s. „Sozioökonomische Ungleichheit zeigt sich in der Epigenetik von Kindern", Max-Planck-Institut für Bildungsforschung, September 2023)

Gleichzeitig ließ sich nachweisen, dass der Zugang zu Bildungsressourcen dazu ein Gegengewicht bilden kann. Durch die Stärkung von Körperbewusstsein, Selbststeuerung, emotionaler Stabilität, Fantasie und Vertrauen wachsen Potenziale wie Selbstvertrauen und kommunikative Kompetenzen, die positive Entwicklungen unterstützen und helfen, Ungleichheit zu kompensieren. Die entscheidende Ressource liegt jedoch in der Gewissheit, dass das eigene Zuhause sicher ist.

Geringere Lebenserwartung bei Armutsgefährdeten

Von den erhöhten Krankheitsrisiken durch Armut waren laut Angaben des Statistischen Bundesamtes in Deutschland 2023 rund 14,2 Millionen Menschen betroffen. Das entspricht 16,8 % der Gesamtbevölkerung, die als armutsgefährdet gelten, da sie weniger als 60 % des mittleren Einkommens zum Leben haben. Zu den Hauptbetroffenen zählen Alleinerziehende, deren Armutsquote bei 43,2 % liegt, und Senioren, die mit steigender Altersarmut zu kämpfen haben. Wobei innerhalb der Gruppe der Menschen ab 65 Jahren Frauen ein höheres Armutsrisiko haben, da ihre Altersbezüge um 27,1 % geringer ausfallen als die von Männern. Rund 50 % der Armutsgefährdeten sind erwerbslos, aber mit ca. 9 % fallen auch Erwerbstätige in diese Kategorie. In Nordrhein-Westfalen lag 2023 die Quote bei 18,3 %. Das sind rund 3,3 Millionen Menschen, die von weniger als 1233 € (das ist das Nettoäquivalenzeinkommen für NRW) pro Monat leben. Relative Armut bedeutet nicht nur, über geringe Kaufkraft zu verfügen. Sie bedeutet auch, von gängigen sozialen Praktiken ausgeschlossen zu sein, etwa dem Besuch eines Festes, vom Urlaub sowieso, aber auch kein Geld für den Friseurbesuch und die Zahnsanierung zu haben – mit sichtbaren Auswirkungen, die zu weiterem Ausschluss führen. Und nicht zuletzt ist sie, wie bereits angeführt, mit Angst und Scham verbunden.

Die Strukturdatenerhebung der Stadt Köln wies für 2023 24 % aller Haushalte als armutsgefährdet aus; jede/r zehnte Kölner/in lebt sogar von weniger als 1000 € im Monat. Es steigen die Lebensmittelpreise und Hilfsangebote wie die 120 Ausgabestellen der Tafeln können den wachsenden Bedarf nicht mehr decken. Einige Menschen erhoffen sich buchstäblich ein Zubrot durch Flaschensammeln oder Betteln. Ihre Lebenslage ist überaus fragil, da sie Unvorhergesehenes nicht abfedern können. Damit breitet sich die Gefahr aus, dass sie durch Lebenskrisen, Krankheit, Verschuldung und Mietrückstände ihren Wohnraum verlieren und sich auf der untersten Stufe des sozialen Geflechts wiederfinden.

Die sozialen Unterschiede in Bezug auf Erkrankungen, Beschwerden und Funktionseinschränkungen kumulieren letztlich in einem erhöhten vorzeitigen Sterberisiko in der niedrigen Statusgruppe. Mit Blick auf das Einkommen sprechen die vorliegenden Studien für eine um fünf bis zehn Jahre verringerte mittlere Lebenserwartung bei Geburt, wenn Personen mit niedrigen und hohen Einkommen verglichen werden. Auch bei der im Alter von 65 Lebensjahren verbleibenden Lebenszeit lässt sich eine Differenz von etwa drei bis fünf Jahren feststellen.

Psychische Störungen und Wohnungslosigkeit

Es gibt zahlreichen Gründe, weswegen jemand sein Zuhause verliert. Oft tragen psychische Erkrankungen zum Wohnungsverlust bei; nicht selten kommen mehrere Krankheitsbilder zusammen: Angststörungen, Traumafolgen. Sozialphobie, Depression, Persönlichkeitsstörung, Suizidgedanken und sehr häufig spielen Suchterkrankungen eine Rolle. Nicht immer lassen sich Ursachen und Folgen klar ausmachen, denn es ist keineswegs selten, dass Menschen, die unter Depressionen oder anderen psychischen Problemen leiden, aus Verzweiflung häufiger oder dauerhaft zu psychotropen Substanzen greifen und die Abhängigkeit eine

Folge versuchter Eigenmedikation ist. In der Klinik für Psychiatrie und Psychotherapie an der Berliner Charité arbeitet Stefanie Schreiter, die sich seit Jahren mit psychischen Erkrankungen von Wohnungslosen beschäftigt. Laut ihrer Untersuchung leiden 70 % der obdachlosen Männer und Frauen unter einer akuten behandlungsbedürftigen psychischen Erkrankung. Zu ähnlichen Zahlen kommen auch andere Experten und Expertinnen in früheren Studien. Seit in den 1990er Jahre dieser Aspekt untersucht wird, hat sich daran kaum etwas geändert. Bekannt geworden ist die sogenannte SEEWOLF-Studie (Seelische Erkrankungsrate in den Einrichtungen der Wohnungslosenhilfe im Großraum München). Sie hatte von Mai 2010 bis Juli 2012 stichprobenartig wohnungslose Männer (80 %) und Frauen (20 %) zwischen 19 und 78 Jahren in Hilfseinrichtungen (Betreutes Wohnen, Langzeiteinrichtungen) und Notunterkünften in München und Umgebung befragt. Darin ging es um den jeweiligen biografischen Hintergrund sowie Art und Ausmaß psychischer und körperlicher Erkrankungen. Dieses standardisierte diagnostische Verfahren stellte bei den Befragten in hohem Maße Persönlichkeitsstörungen (55 %) mit und ohne Substanzkonsum fest. Viele zeigten eine verringerte kognitive Leistungsfähigkeit und nur eine geringe Ausprägung lebenspraktischer Fähigkeiten und mangelnde Grundlagen, um einen geregelten Alltag zu bewältigen. Auch wenn die Gruppe mit 231 Personen klein und daher nicht repräsentativ ist, war doch auffällig, dass die meisten der Befragten schon bevor sie ihre Wohnung verloren, psychische Störungen aufwiesen.

Was also ist Ursache und was die Folge? In einem Interview mit der taz betonte Stefanie Schreiter, wie eng beides verschränkt ist: „Wir sehen sowohl Menschen, vor allem mit Suchterkrankungen, Psychosen und Depressionen, die Plätze in therapeutischen Einrichtungen oder ihre eigenen Wohnungen verlieren und es dann sehr schwer haben, einen neuen Ort zu finden. Aber natürlich führen auch immer wieder Jobverlust, Schulden, Trennungen und andere soziale Probleme zum Verlust der Wohnung und in der Folge zu Anpassungs- und Angststörungen, Depressionen und Suchterkrankungen, teils auch als Bewältigungsstrategie. Das greift beides sehr eng ineinander." Zudem wies sie darauf hin, dass es sich um ein wachsendes Problem handelt, das zuerst die Menschen trifft, die keine oder nur geringe Ressourcen haben. Allerdings können ebenso wie körperliche Erkrankungen auch psychische Erkrankungen jeden treffen und zu Verarmung und dem Verlust der Wohnung führen. Häufig verbergen sich hinter der Wohnungslosigkeit Problemlagen und Schicksalsschläge, vor denen man sich nicht schützen kann. Seelische Gesundheit ist nicht statisch und zudem an ein ganzes Bündel an Voraussetzungen und Fähigkeiten gebunden. Entscheidend sind Kommunikationsvermögen und soziale Beziehungen. Weiterhin gehört dazu, dass man fähig ist zu Selbstreflexion und Verantwortungsübernahme, Möglichkeiten hat, positive Resonanz auf die eigene Person zu erfahren, sich als zugehörig und als wirksamen Teil einer Gemeinschaft zu erleben – und nicht zuletzt, in Krisensituationen, bei Stress und Konflikten standhalten und Veränderungen der Lebensumstände bewältigen kann sowie in der Lage ist, in Ausnahmezuständen Unterstützung zu suchen (und zu finden). Diese komplexen Voraussetzungen sind uns oft nicht bewusst. Für psychisch kranke Menschen sind sie meist Teil ihres Problems.

Wenn dann auch noch Wohnungslosigkeit dazukommt, haben sie Bedarfe, die sich nicht in die klaren Zuständigkeiten des Hilfesystems einordnen lassen, da sie gleichzeitig psychiatrische Hilfe, suchttherapeutische Maßnahmen und Wohnraum und Alltagsunterstützung benötigen. Ihre Problematik ist vielschichtig. Für Menschen, die auf der Straße leben, ist es kaum machbar, regelmäßig Medikamente einzunehmen. Allein Rezepte abzuholen, einzulösen und an die Einnahme zu denken, ist eine Herausforderung. Doch natürlich gibt es auch Menschen, die z.B. krebskrank auf der Straße leben. Kann jemand nach erfolgter stationärer Behandlung entlassen werden, bräuchte es unterstützende Übergangslösungen, damit sich die Betroffenen weiter stabilisieren können. Aber die Plätze in therapeutischen Wohngemeinschaften oder Zimmer in Hilfseinrichtungen, wo sie weiterhin soziale und vielleicht auch pädagogische Hilfestellungen in Anspruch nehmen können, reichen nicht aus. Das macht schnell jeglichen Therapieerfolg zunichte. „Das Zuhause ist eine wichtige Ressource für Genesung, das ist uns eigentlich allen klar", sagt Stefanie Schreiter.

Andersherum bedeutet das: Je länger die Wohnungslosigkeit andauert, umso deutlicher verschlechtern sich die gesundheitlichen Folgen, Suchterkrankungen, Psychosen und psychische Störungen sowie soziale Problemlagen.

Angebote medizinischer Versorgung für Wohnungslose

Dass Obdachlose auf deutschen Straßen an Hunger sterben, kommt nicht vor, dafür gibt es ausreichend Hilfsangebote. Es droht aber die Gefahr zu erfrieren. Allein in Hamburg starben im Winter 2024 25 Obdachlose den Kältetod. Inzwischen erhöhen auch die heißer werdenden Sommer die Sterblichkeit. Im Juli 2022 starb ein 57-jähriger Mann vor dem Kölner Hauptbahnhof, der über Stunden dehydriert in der Sonne lag. Decken und heißen Tee im Winter, Wasser und Sonnenschutzmittel im Sommer verteilen meist ehrenamtliche Gruppen an Menschen, die auf der Straße leben.

Seit 1993 besteht die aufsuchende medizinische Hilfe der Stadt Köln. Das Personal besucht Einrichtungen der Wohnungshilfe, praktiziert aber durchaus auch auf der Straße. Einige Wohnungslose sind nicht krankenversichert oder falls doch, trauen sie sich im Bedarfsfall oft nicht in eine reguläre Arztpraxis. Fehlende Körperhygiene, unsaubere Kleidung, auffälliges Verhalten spielen hier nicht selten eine Rolle.

Der Mobile Medizinische Dienst der Stadt Köln bietet medizinische und psychosoziale Grund- und Notfallversorgung und verknüpft Wohnungslose und Drogenabhängige über das Gesundheitsamt mit weiteren diagnostischen Möglichkeiten und medizinischen Fachabteilungen, zu denen auch die gynäkologische Betreuung gehört. Unterleibskrankheiten, Verhütung, Schwangerschaft, Fehlgeburten – mit diesen und ähnlichen Anliegen können hier nicht nur wohnungslose Frauen vorstellig werden, sondern auch Sexarbeiterinnen, die hier ohne Aufenthaltsgenehmigung leben. Die Notwendigkeit einer Krankenversicherung besteht nicht.

Bereits seit 2021 arbeitet der Verein Caya, der sich auf Obdachlosenmedizin spezialisiert hat. Der Vereinsname leitet sich von dem Nirvana-Song „Come As You Are“ (dt.: „Komm wie du bist“) ab, denn Hilfe erfolgt vorraussetzungslos – unabhängig vom Zustand der Kleidung, der psychischen Befindlichkeit oder Drogenfreiheit. Bei Caya leisten Ärzte und Ärztinnen verschiedener Fachrichtungen kostenlos und unbürokratische Hilfe. Der gemeinnützige Verein unterhält eine kleine Arztpraxis und ist ebenfalls Teil der Kölner Arche am Bergischen Ring 40 nahe des Wiener Platzes. Hier werden täglich Wunden versorgt und es gibt bescheidene diagnostische Möglichkeiten, die Jedem und Jeder zugänglich sind.

Schließlich sei noch das Angebot Malteser Medizin für Menschen ohne Krankenversicherung am Krankenhaus St. Hildegardis erwähnt. Dort werden seit 2005 Kranke ohne Versicherungsschutz medizinisch und auch zahnmedizinisch versorgt..

Ein geschützter Raum für wohnungslose Frauen in Köln

Ein umfassenderes Konzept für medizinische Belange von benachteiligten Frauen verfolgt die Stiftung Frauen*leben in Köln, die 2020 von den Frauenärztinnen und Psychotherapeutinnen Dr. med. Maria Beckermann, Dr. med. Anne Gutzmann und Dr. med. Susanne Zickler gegründet wurde. Der Stiftung geht es um den Aufbau eines Gesundheitshauses mit verschiedenen Angeboten, die stets Selbstbestimmung und Sicherheit der Frauen an die erste Stelle setzen.

Das erste Praxisprojekt der Stiftung im Sommer 2023 war die Begutachtung der öffentlichen Toiletten in den nördlichen Kölner Stadtteilen. Denn für wohnungslose Frauen sind öffentliche Toiletten von zentraler Bedeutung. Das Resümee war, dass es zwar viele mobile Toiletten in Grünanlagen gibt, und diese von den Abfall-Wirtschaftsbetrieben (AWB) auch gut gepflegt werden, aber sie verfügen nicht über fließendes Wasser. Das ist für alle Frauen nachteilig, denn nach einem Tamponwechsel möchte frau sich schon gerne die Hände waschen. In den Stadtbezirken gibt es die „City-Toiletten". Dort gibt es zwar fließendes Wasser, allerdings kostet die Nutzung der Toilette 50 Cent. Das können wohnungslose Frauen sich nicht leisten. Männer hingegen können die Pissoire in den City-Toiletten kostenlos nutzen. Lediglich auf dem Wilhelmsplatz in Nippes gibt es eine UniSex-Toilette mit einer schmalen Kabine mit Sitz-WC statt Urinal. Dieses Modell ist kostenlos und soll in Zukunft häufiger zur Anwendung kommen laut AWB.

Zwei Mitglieder der Stiftung Frauen*leben in Köln wurden Mitglied bei der Kölner Arche für Obdachlose e.V., um sich dafür einzusetzen, dass Frauen in gleicher Weise von den eingesammelten Spendengeldern profitieren wie Männer.

Inspiriert wurden sie von dem „Gast-Haus" in Dortmund, einer Einrichtung, die seit 30 Jahren obdachlosen Menschen zur Verfügung steht. Hier gibt es eine Praxis für verschiedene Fachrichtungen einschließlich Zahn- und Frauenärzt*innen sowie Optiker*innen mit einer Brillensammlung für obdachlose, bedürftige und nichtversicherte Menschen. Eine Etage in dem Gesundheitshaus ist „nur für Frauen*" reserviert. Hier gibt es einen großen Gemeinschaftsraum mit Dachterrasse, einen kleinen Besprechungsraum sowie eigene sanitäre Einrichtungen.

Um wohnungslosen Frauen auch in Köln einen solchen Ort zu bieten, sucht die Stiftung dafür nach Räumen, plant zugleich in einem Zweiklang ein „Soli-Café", in dem die Frauen sich unerkannt aufhalten und auch ohne Geld eine warme Mahlzeit zu sich nehmen können. Dort sollen Rückzug und Begegnung möglich sein. Geplant ist auch, eine frauenmedizinische Praxis anzugliedern, in der Sozialberatung und gynäkologische Akutversorgung stattfinden kann – in der Schwangerschaft, Schwangerschaftskonfliktberatung, gynäkologische Untersuchungen bei Beschwerden sowie Behandlungen bei Infektionen und Menstruationsbeschwerden. Verhütungsmittel, Hygieneartikel und Akutmedikation können kostenlos abgegeben werden.

*Stiftung Frauen*leben (s. S. 174)*
Arche für Obdachlose (s. S. 170/171)

23. August 2025, Beisetzung von
Lukasz Rymsza auf dem Südfriedhof mit
Christiane Niesel als einzigem Trauergast.

Nicht immer ist es mit Prävention und ambulanter Versorgung getan. Es braucht auch Möglichkeiten zur Rekonvaleszenz. Draußen ist man mit Schmerzen und Bewegungseinschränkungen auf sich allein gestellt. Obdachlose haben so gut wie keine Möglichkeit, sich gesund zu ernähren. Wenn man sich erkältet, gibt es keine Möglichkeit, sich auszukurieren und so führen viele Krankheiten zu einem vorzeitigen Tod.

Tod auf der Straße

Die Sterblichkeit von Obdachlosen liegt bei unter 50 Jahren. Ihre Lebenserwartung liegt damit rund 30 Jahre unter der von Menschen mit Wohnung. Meist leiden Wohnungslose neben physischen Beeinträchtigungen auch unter psychischen Krankheiten. Manchmal waren sie Grund für den Wohnungsverlust oder haben sich durch das Leben ohne Wohnung verfestigt. Hat jemand Krebs, ein Herz-, Lungen- oder Nierenleiden oder eine schwere Infektion, kann es zum Tod auf der Straße kommen. Zwar gibt es rund ein Dutzend Krankenwohnungen in Köln, doch der Bedarf liegt deutlich höher. Zumal die Hälfte Drogenkranken zur Verfügung steht. Für schwerstkranke und sterbende Wohnungslose gibt es aktuell noch kein Angebot. Doch das wird sich dank der Pace e Bene-Stiftung (Deutsch: Frieden und Heil) bald ändern, die sich im September 2023 der Öffentlichkeit präsentierte. Ihr Ziel ist die Begleitung kranker obdachloser Männer und Frauen am Ende ihres Lebensweges, um ihnen ein Sterben in Würde zu ermöglichen. Mit den Stiftungsgeldern sollen zunächst Plätze in bestehenden Hospizen finanziert werden. Langfristig ist der Unterhalt einer Wohnung geplant, um obdachlose Menschen im Sterbeprozess mit der nötigen auch medizinischen Versorgung bedarfsgerecht begleiten zu können. Die Mittel kommen von einem privaten Stifterehepaar und der katholischen Kirche (Stadtdekanat Köln).

Was passiert nach dem Tod? Für die Bestattung und die anfallenden Kosten müssen die Hinterbliebenen sorgen. Im Todesfall wird recherchiert, ob der oder die Verstorbene Angehörige hat, die die Beerdigungskosten (von etwa 1000 €) übernehmen. Falls niemand aufzufinden ist oder deren Mittel nicht ausreichen, wird von der Stadt eine Sozialbestattung verfügt. Damit diese Toten nicht allein und ohne Zeremonie und Andenken beerdigt werden, versucht man in Köln, Freunde oder Bekannte „von der Platte“ ausfindig zu machen, die an der Zeremonie teilnehmen. Nach der Einäscherung findet die Beerdigung der Urne auf dem Südfriedhof statt, wo aus Spendenmitteln zwei Gräberfelder erworben wurden. Dort erhalten die Verstorbenen einen Platz, der namentlich gekennzeichnet ist.

Die Stiftung Frauen*leben in Köln

Die Stiftung Frauen*leben in Köln ist eine unselbstständige Stiftung unter dem Dach der Stiftung des Paritätischen ‚Gemeinsam Handeln'. In ihrem 5. Jahr ist sie dem Ziel, mehr Sichtbarkeit für Frauen und ihren Beitrag zum gesellschaftlichen und politischen Leben in Köln zu schaffen, deutlich nähergekommen.

Zusammen mit dem Kölner Frauengeschichtsverein und dem Amt für die Gleichstellung von Frauen und Männern der Stadt Köln hat die Stiftung mehr als 300 Biografien von Frauen, Frauenorganisationen und -Orten im Frauen*Stadtplan (www.frauenstadtplan.koeln) veröffentlicht. Hierzu wurde im Rahmen des Projektes ‚FrauenOrte NRW' am Cäcilienkloster 4 ein neuer FrauenOrt geschaffen, der an die Seidmacherin Fygen Lutzenkirchen erinnert.

Aber nicht nur die Leistungen von Frauen nimmt die Stiftung in den Blick, auch ihre Not. Die Stifterinnen engagieren sich gegen Frauenarmut und für wohnungslose Frauen. Sie achten darauf, dass die sozialen Hilfesysteme die Bedarfe wohnungsloser Frauen berücksichtigen, auch wenn die Wohnungslosigkeit verdeckt ist, und sie unterstützen wohnungslose Frauen auch persönlich, konkret und nah an ihren Bedürfnissen.

Zudem fördert die Stiftung regelmäßig Kulturschaffende, die sich für Frauen engagieren.

Perspektivisch würden die Stifterinnen gerne - zusammen mit dem IFK (Intersektionales feministisches Frauenkultur-Café) e.V. - ein Soli-Café eröffnen und eine frauenmedizinische Praxis für Nichtversicherte anbinden. Dafür suchen sie Räume.

Um ihre Pläne umsetzen zu können, sind sie auf Spenden angewiesen. Durch Zustiftungen können sie ihren Stiftungsstock erweitern, um langfristig und nachhaltig wirksam werden zu können.

Stiftung Frauen*leben in Köln,
www.stiftung-frauenleben.koeln
mail@stiftung-frauenleben.koeln

Die Stifterinnen:
Dr. med. Maria Beckermann,
Dr. med. Anne Gutzmann,
Dr. med. Susanne Zickler

Illegale Drogen und ihre Bekämpfung

Rauschmittel sind fast so alt wie die Menschheit, doch wie mit ihnen umgegangen wird, unterscheidet sich nach Kulturen und Epochen. Das Opiat Morphin wird aus dem Schlafmohn gewonnen und war im 19. Jahrhunderts ein gängiges Medikament, das gegen stärkste Schmerzen und sowohl körperliche als auch psychische Beschwerden verordnet wurde. Durch die euphorisierende Wirkung fand es auch bei Depressionen und weiteren Indikationen Anwendung, für die es an zielgerichteten Therapiemöglichkeiten fehlte. Sein Name leitet sich von Morpheus, dem Gott der Träume, ab.

Ebenfalls aus Mohn als Grundstoff entwickelten Pharmakologen das halbsynthetische Diacetylmorphin. Bayer brachte es 1898 unter der Bezeichnung Heroin auf den Markt. Man entschied sich für dieses Kunstwort, weil Probanden in der Testphase nach der Einnahme von heroischen Gefühlen berichteten. In geringen Dosen diente Heroin als schmerzstillendes und krampflösendes Medikament. Es wurde z.B. als Hustensaft eingesetzt und war zunächst frei verkäuflich. Doch bald wurde auch hier vor der suchterzeugenden Wirkung gewarnt, die sich bei nicht verordnungsgemäßem Gebrauch rasch einstellte. Daher wurde es ab 1917 verschreibungspflichtig. Nach dem Ersten Weltkrieg gehörten insbesondere Kriegsversehrte, die „Kriegsmorphinisten" zu den Konsumenten, denen die Einnahme amtlicherseits zuerkannt wurde. Die regelmäßige Gabe durch den Arzt half, den Alltag zu bewältigen und einer Berufstätigkeit nachzugehen.

Bis in die 1920er Jahre hinein war Ärzten die sogenannte Opiaterhaltungstherapie gestattet, d.h. sie konnten Rezepte über Morphin, Kokain oder Opium für Abhängige ausstellen, so dass diese weder unter Entzugserscheinungen litten noch sich ihr Suchtmittel auf kriminellem Wege beschaffen mussten oder als sozial desintegriert auffielen. Es gab allerdings auch einen Handel unter der Hand und gefälschte Rezepte. 1929 wurde auf Betreiben des Deutschen Ärztetags ein neues Opiumgesetz verabschiedet, das die Verschreibung der Betäubungsmittel erschwerte.

Anfang des Jahrhunderts hatten Pharmakologen weitere psychoaktive Substanzen für den medizinischen Gebrauch entwickelt. Amphetamin z.B. wurde als Asthmamittel eingeführt. Die stimulierende Wirkung dieses synthetischen Arzneimittels erweiterte die Verwendung; man setzte es zur Dämpfung des Hungergefühls bei Übergewicht ein und gegen Erschöpfungszustände. Die potentere Variante, das Metamphetamin, wurde im Zweiten Weltkrieg unter dem Handelsnamen Pervitin massenweise an Soldaten verteilt, um deren Kälte-, Hunger- und Durstempfinden sowie Schmerzen und Müdigkeit zu unterdrücken. Was im Krieg der Leistungssteigerung diente, findet bis heute medizinische Anwendung, wird gegen Depressionen eingesetzt oder ADHS-Patienten zur Konzentrationssteigerung verschrieben. Als Crystal Meth ist es ein gängiges, weil leicht zu synthetisierendes Rauschmittel, dessen Konsum in kurzer Zeit zu körperlichem und psychischem Verfall führt.

Im Dezember 1971 löste die Verabschiedung des Betäubungsmittelgesetzes (BtMG) das Opiumgesetz aus den 1920er Jahren ab. Die Liste der illegalen Substanzen wurde erweitert und die Strafen für Drogendelikte verschärft. Noch in den 1960er Jahren war Heroin in deutschen Apotheken legal erhältlich. Als immer mehr gesellschaftliche Muster und Normen hinterfragt wurden, sich der Protest gegen Vietnam- und Koreakrieg regte, die studentische Jugend aufbegehrte und sich als Friedens- und Hippiebewegung formierte, trug dieser gesellschaftliche Aufbruch auch zur Verbreitung des Konsums von halluzinogenen Substanzen vor allem bei der jungen Generation bei. Zusammen mit einem Aktionsplan sollte die neue Gesetzgebung helfen, die sich ausbreitende „Rauschgiftwelle" einzudämmen. „Zwischen 1972 und 1977 stieg die Zahl der polizeibekannten Heroinsüchtigen in der Bundesrepublik und West-Berlin von 2000 auf 25 000." (SPIEGEL 23/1977) Das „Fixer-Elend" war bald in allen Großstädten zu sehen und verbreitete sich „... von Studenten und Gymnasiasten auf Haupt- und Berufsschüler, in ganz besonderem Maße auf jugendliche Arbeitslose und Angehörige gesellschaftlicher Randgruppen."

1978 erschien das biografische Buch „Wir Kindern vom Bahnhof Zoo" über Christiane Felscherinow, die in Berlin mit 14 Jahren in die Drogenszene geriet, dort abglitt und sich prostituierte, um ihre Sucht zu finanzieren und die miterlebte, wie neben ihr jugendliche Freunde an der Droge starben. Es entfaltete eine enorme Wirkung. Viele junge Menschen wurden durch die Lektüre vor Heroinkonsum gewarnt. Andere fühlten sich von diesem „Abenteuer" angezogen, zumal Heroin nicht frei, aber verfügbar war. Diese Ambivalenz verkörpert Christiane F. Dass sie weiblich, jung und gut aussehend war, verlieh ihr besondere Aufmerksamkeit und Anziehungskraft. Aus der Schülerin wurde eine Berühmtheit und in den Augen vieler Gleichaltriger – vor allem Mädchen – dadurch eine Projektionsfläche für die Sehnsucht nach einem anderen Leben. Die darauffolgende repressive Drogenpolitik, die vor allem auf Abstinenz, Kriminalisierung und Bestrafung abzielte, zeigte nur mäßigen Erfolg.

Von Akzeptanz bis Substitution – Umgang mit Sucht

Stoffliche Abhängigkeit bedeutet, dass der Drang, psychoaktive Substanzen zu konsumieren, stärker ist als die Einsicht in die negativen Folgen. Dieses selbstschädigende Verhalten kommt nicht nur bei illegalen Drogen vor; bekanntlich können auch Alkohol und Nikotin körperliche Abhängigkeit verursachen. 1952 erkannte die Weltgesundheitsorganisation Alkoholismus als Krankheit an; in Deutschland folgte dieser Schritt 1968. Allmählich setzte sich das Wissen durch, dass Abhängigkeit nicht persönlich verschuldet ist, sondern es sich um eine chronisch verlaufende Krankheit handelt, die sich sowohl im Verhalten als auch hirnorganisch durch neuronale Veränderungen auswirkt. Daher haben Krankenkassen eine Leistungspflicht und müssen für Therapien aufkommen. In der Folge wurden therapeutische Ansätze und vor allem mit Blick auf verbotene und potenziell suchterzeugende Mittel präventive Konzepte angepasst.

Während in den 1970er Jahren noch versucht wurde, den Konsum durch Abschreckung mittels Strafandrohung sowie einseitiger und dramatisierender Botschaften (sogenannte Furchtappelle) zu verhüten, ging man ab den 1980er Jahren zu einem pathogenetischen, also auf die Verhinderung von „Krankheit“ zielenden Präventionskonzept über. Neu war, dass man nicht mehr jeglichen Konsum verdammte, sondern sich vorrangig auf die Verhinderung von Sucht fokussierte. Konsequenterweise wurden hierbei auch die legalen Drogen (Alkohol, Tabak und Medikamente) sowie stoffungebundene Süchte einbezogen.

Vor allem durch das Aufkommen des HIV-Virus verschärfte sich die Gefährdungslage für Konsumierende. Wer spritzte, lief Gefahr, über unsauberes Spritzbesteck mit AIDS oder Hepatitissviren infiziert zu werden Salutogenetische Konzepten setzten sich durch, die auf eine substanzunspezifische Gesundheitsförderung zielen – etwa durch Stärkung von Lebenskompetenzen, Ressourcen und Resilienz, um Schwankungen besser auffangen zu können. Prävention und Nachsorge wurden ausgebaut.

Die erneute Reform des Betäubungsmittelgesetzes 1981 passte den rechtlichen Rahmen an. Das Programm „Therapie statt Strafe“ sah vor, unter bestimmten Voraussetzungen Freiheitsstrafen auszusetzen, sofern sich DelinquentInnen mit Suchtproblematik für eine Therapie entscheiden.

Neben abstinenzorientierten Behandlungen haben sich inzwischen weitere Umgangsformen etabliert, etwa die akzeptanzorientierte Arbeit mit Abhängigkeitserkankten. Das drogenfreie Leben wird angestrebt, aber nicht vorgeschrieben. Es gibt keinen Zwang „clean“ zu leben. Vielmehr wird der Gebrauch der Konsumierenden respektiert und dennoch Unterstützung geleistet. Als sichtbares Zeichen dafür wurde 1994 in Hamburg der erste öffentlich finanzierte Drogenkonsumraum Deutschlands eröffnet. Heute findet man (außerhalb Bayerns, wo man konsequent an der Ablehnung festhält) in jeder größeren Stadt „Druckräume“ als Teil des Hilfesystems. Sie dämmen die Infektionsrisiken ein und medizinisch geschultes Personal kann im Notfall vor Ort Hilfe leisten. Streetwork, Kontaktcafés, Notschlafstellen ergänzen das Angebot.

Neben Abstinenz und Akzeptanz kann zudem eine Substitutionsbehandlung den Ausweg aus Drogenszene und Beschaffungskriminalität ermöglichen. Als Heroinersatzstoffe werden hauptsächlich Methadon, Levomethadon, Subutex und Buprenorphin genutzt, individuell dosiert unter ärztlicher Aufsicht verabreicht. Sie sprechen dieselben Rezeptoren im Gehirn an wie Heroin. Die Wirkung dieser Stoffe ist schmerzstillend, beruhigend und sie lindern das Craving, also das körperliche Verlangen nach der Droge. Der Körper kann sich regenerieren und eine Psychotherapie bei der Bewältigung der suchtauslösenden Erlebnisse, Strukturen und Verhaltensmuster unterstützen. Über lange Zeiträume wird der Ersatzstoff herunterdosiert und so soziale (Re-)Integration möglich. Laut DHS Jahrbuch Sucht 2024 (Deutsche Hauptstelle für Suchtfragen e.V.) werden rund 30–40 % der Menschen, die an einer substitutionsgestützten Therapie teilnehmen, wieder berufsfähig.

„Für mich sind Drogenabhängige Kranke. Viele Kranke benötigen zeitlebens Medikamente. Wir wollen versuchen, Fixer mit Hilfe von Methadon aus der Drogenszene herauszulösen und ihnen eine Chance zur beruflichen und sozialen Integration zu geben.“

Bundesgesundheitsminister Hermann Heinemann 1988

Seit 1972 besteht die Kölner Drogenhilfe. Im Erdgeschoss der Geschäftsstelle befindet sich heute eine Substitutionsambulanz. Rund 130 Heroinabhängige werden hier durch ein multiprofessionelles Team aus ÄrztInnen der Allgemeinmedizin, Pflegefachkräften, Sozialarbeiterinnen und Sozialarbeitern versorgt. Täglich gibt es drei Vergabeintervalle, in denen die Patienten ihre Tagesdosis Methadon in flüssiger Form und unter Aufsicht einnehmen. In Köln bieten sowohl einige niedergelassene Ärztinnen und Ärzte wie auch in zwei Kliniken Substitutionsbehandlungen an. Für ganz Deutschland nimmt man eine Zahl von etwa 166.000 opioidabhängigen Menschen an. Diese Schätzung kursiert ungeändert seit 2016. Knapp die Hälfte der Betroffenen wird substituiert. Für die Ersatzmedikation ist eine fachärztliche und psychosoziale Indikation Voraussetzung.

Da die Kosten von der Stadt und den Krankenkassen getragen werden, müssen die Patienten in Köln gemeldet und krankenversichert sein. Von den Substituierten, die die Ambulanz der Drogenhilfe aufsuchen, sind rund 30 % wohnungslos. Das bedeutet, entgegen landläufiger Vorstellungen leben 70 % der Opiatabhängigen in einer eigenen Wohnung und gehen einer Arbeit nach. Wer substituiert wird und richtig eingestellt ist, kann gut mit der Krankheit leben. Es gibt weder Suchtdruck noch drängen Geld- und Beschaffungsprobleme. Viele Substituierte leben gänzlich unauffällig.

Und noch ein weiterer Behandlungsweg zeigt gute Erfolge, der gewissermaßen zu den Anfängen zurückkehrt: Seit 2009 kann Schwerstabhängigen unter bestimmten Voraussetzungen Heroin als Medikament verschrieben werden.

Nicht in jedem Fall ist die Substitutionstherapie langfristig die richtige Option. Dann kann eventuell die kontrollierte Abgabe des Originalstoffs Heroin/Diamorphin dabei helfen, sich von der Szene fernzuhalten und ein selbstbestimmtes Leben ohne Straftaten zu führen. Mit dem populistischen Slogan „Staatsdroge Methadon" versuchte vor allem die CDU die Diamorphinbehandlung („Heroin auf Krankenschein") zu unterbinden. Vergeblich. Trotz dieser Gegenwehr hat sie sich als wirksames Vorgehen gegen die soziale und körperliche Verelendung von Drogenkranken etabliert. Dabei ist die Voraussetzung – nicht nur für die Patienten – hoch. Auch die Praxen müssen besondere Bedingungen hinsichtlich der baulichen Gegebenheiten und des erforderlichen Personals erfüllen. Zudem ist der Wirkstoff teuer. Und trotz der deutlichen Besserung der Patientensituation werden nicht alle, die wollen und die Voraussetzungen der Therapie erfüllen, mit Diamorphin behandelt. Es ist u.a. auch eine Kostenfrage oder besser, eine Frage der Abwägung. Auf der einen Seite steht die hochpreisige medizinische Versorgung; auf der anderen die Bekämpfung der kriminellen Strukturen der Dealer und die Sozial- und Gesundheitskosten, Klinikaufenthalte und Notunterkünfte der Kranken.

Neue Drogen, neue Szenen, keine Lösungen

Immer neue Substanzen kommen auf den Markt, deren „Geschäftserfolg" in günstigen Zutaten und oft hohem Abhängigkeitspotenzial liegt. Zu den „harten" illegalen Drogen gehören Opiate, Kokain, Amphetamine und Halluzinogene. Opiate z.B. Heroin sind natürlichen Ursprungs und werden aus der Schlafmohnpflanze und Kokain aus der Kokapflanze gewonnen. Werden sie synthetisch hergestellt spricht man von Opioiden, dazu zählen Amphetamin und Methamphetamin sprich: erregungssteigernde Mittel wie Speed, Crystal und Ecstasy aber auch Fentanyl, Nitazen und gebrauchsfertiges Crack.

Auch wenn sterile Konsumräume und Substitutionstherapien Leben retten, ist die Zahl der Drogentoten auf hohem Niveau. Laut des Bundesdrogenbeauftragten Burkhard Blienert gab es 2023 2.227 Drogentote in Deutschland. 1990 Fälle waren es im Jahr davor. 2024 wurden 2137 Drogentote gezählt, darunter knapp ein Fünftel Frauen. Nicht mitgezählt sind diejenigen, die an substanzbedingten Begleitkrankheiten gestorben sind. Langzeitkonsum lässt den physischen Verfall rasch voranschreiten. In Köln fiel der Anstieg 2023 höher aus als im bundesrepublikanischen Durchschnitt. 97 Menschen wurden Opfer illegaler Drogen, das sind 21 Tote mehr als 2022. Hauptsächliche Suchtmittel der Todesopfer waren Opiate, Heroin und Opiat-Substitutionsmittel.

Mit ein Grund für den Anstieg der Drogentoten ist, dass Viele nicht nur ein Suchtmittel nutzen. Bei mehrfachen Abhängigkeiten (polytoxikomaner Substanzmissbrauch) werden neben der „Hauptdroge" meistens auch Alkohol, Tabak, Cannabis und Tabletten genutzt.

Doch es sind nicht die Stoffe allein. Das Elend der Abhängigkeitserkrankung liegt auch in dem Ausschluss aus der Gesellschaft, die zu einer weiteren Verschlechterung des psychischen und physischen Zustands beiträgt. Die Erforschung von Todesursachen ergibt, dass die Suizidalität bei Menschen mit psychischen Erkrankungen signifikant erhöht ist und unter denen, die Suizid begangen haben, bilden Suchtkranke die größte Gruppe.

Insgesamt ist die Zahl der Selbsttötungen in Deutschland

mit 10.304 im Jahr 2023 auf dem höchsten Stand seit rund dreißig Jahren. Regelmäßiger Gebrauch psychotroper Substanzen und besonders die Kombination verschiedener Wirkstoffe steigern das Suizidrisiko erheblich.

Sozialer Abstieg und Verelendung

In Köln ist Cannabis die verbreitetste illegale Droge. Hinsichtlich der Konsumenten von Opiaten kursiert eine Schätzung von 10.000, die allerdings aus dem Jahr 2006 stammt. Das wäre der zweithöchste Wert. Für ganz NRW rangieren laut Epidemiologischen Suchtsurvey 2023 Amphetamine/Methamphetamine und Kokain auf dem zweiten Platz. Die Schätzung für Köln liegt zwischen 2.000 und 5.000 Menschen, die einen problematischen Konsum von Amphetaminen und Kokain aufweisen. Darunter sind berufstätige Menschen, solche, die ihren Konsum kontrollieren können oder die substituiert werden und als Drogengebrauchende unsichtbar bleiben.

Das Bild der Suchtkranken wird hauptsächlich durch die Konsumenten geprägt, die im öffentlichen Raum als solche erkennbar sind. Kranke und verwahrloste Menschen, die sich auf der Straße eine Spritze setzen oder Crack rauchen. Der Kölner Neumarkt, der wenig Aufenthaltsqualität bietet, wird schon seit den 1990er Jahren als Drogenumschlagplatz genutzt. Obdachlosigkeit war in der Innenstadt noch kein so vordergründiges Thema. Im Gesundheitsamt wurde 2022 wenige Meter vom Neumarkt entfernt ein Drogenkonsumraum eröffnet. Wer will, findet dort hygienische und medizinische Sicherheit für die Einnahme der Drogen.

Im Sommer 2023 erschien eine Untersuchung der offenen Drogenszene im Umfeld des Kölner Neumarkts. Die „Open Drug Scene Cologne Survey“ (ODSC) stellte fest, dass – wie in anderen Großstädten auch – Crack an Bedeutung zunimmt. Es handelt sich um chemisch aufbereitetes Kokain, das durch Aufkochen von Kokainhydrochlorid und Backpulver oder Ammoniak kostengünstig hergestellt werden kann. Das Ergebnis sind Cracksteine (eigentlich eher Körner), die nicht einmal 10 € kosten und in einer Crackpfeife oder auf Alufolie geraucht werden. Es ist eine „schnelle Droge“, deren Wirkung rasch spürbar wird aber nur kurz anhält. Es dauert nicht lang, bis die Unruhe zurückkehrt und der Drang wächst, die nächste Dosis zu inhalieren. Es gibt KonsumentInnen, die täglich 20 oder 30 Mal inhalieren. Das sind Getriebene, die nicht die Ruhe haben, einen Konsumraum aufzusuchen. Geraucht wird sofort und überall, es gibt keine Schamgrenzen mehr. Auch verspüren die Konsumenten immer weniger das Bedürfnis zu essen und zu trinken, sie magern ab und vernachlässigen ihre Körperhygiene. Mit der Verelendung gehen gesundheitliche Schäden (Herz, Kreislauf, Atemwege, Nervensystem, Zähne) und erhöhtes Aggressionspotenzial bis hin zu paranoiden und psychotischen Zuständen einher.

Das kann man bei vielen Menschen sehen und erleben, die offen auf der Straße konsumieren. Passende Angebote für die Betroffenen gibt es nicht, auch weil es aktuell für Crack noch keine Ersatzmedikation gibt. Und in Köln dringend benötigte Ruheräume für Abhängige sind gegenwärtig nicht in Planung. Sie bräuchten Platz in einer Einrichtung mit medizinischer und psychotherapeutischer Versorgung. Doch weder gibt es diese Plätze, noch kann man die Kranken zu einem Aufenthalt zwingen. Die Probleme sind vielschichtig und es braucht Veränderungen auf mehreren Ebenen, um die Missachtung der Vielen und die Entwürdigung der Wenigen zu beenden.

Weibliche Abhängigkeit

Betrachtet man die Verteilung der Suchtmittel auf die Geschlechter, zeigt sich dass Frauen mit 70 % wesentlich häufiger medikamentenabhängig sind als Männer. Wenn auch die biologische Ausstattung eine Rolle spielt, gibt hauptsächlich der psychosoziale Kontext den Ausschlag. Geschlechterstereotype Erwartungen an Frauen erhöhen das Risiko, an klinischen Depressionen zu erkranken. Frauen gelten (und werden immer noch so erzogen) als eher defensiv-passiv, reagieren bei Konflikten eher autoaggressiv, weil sie selten gelernt haben, ihre Belange und Bedürfnisse durchzusetzen. Suchtmittel bieten sich als Spannungslöser an oder erlauben den Blick auf uneingestandene Sehnsüchte, die in der gegebenen Lebenssituation keinen Raum haben oder nicht mit eigenen Vorstellungen weiblicher Existenz vereinbar sind. Der Konsum psychotroper Substanzen hilft, fremdem oder eigenem Erwartungsdruck zu entkommen, gleichzeitig trägt er dazu bei, die krankmachende Lebenslage auszuhalten. Wer den exzessiven Rausch sucht, greift zu Opiaten. Das Gros der Frauen versucht jedoch, sich in das Raster der Ansprüche zu fügen und zu funktionieren. Sie trinken heimlich oder nutzen Medikamente, wobei das Ausmaß des Konsums vertuscht wird. Mit diesen „stillen Süchten“ bleiben viele abhängige Frauen lange Zeit unauffällig.

Die Bundeszentrale für gesundheitliche Aufklärung hat in einer Broschüre 2021 Zahlen veröffentlicht, die über den Suchtmittelkonsum von Frauen Aufschluss geben. Etwa 3,5 Millionen Frauen trinken Alkohol in solchen Mengen, dass es Auswirkungen auf ihre Gesundheit hat. 1,7 Millionen Frauen nutzen regelmäßig Medikamente mit Suchtpotenzial zur Beruhigung, zum Schlafen oder als Schmerzmittel. Benzodiazepine liegen dabei weit vorn, sie wirken angstlösend und entspannend. Die Abhängigkeitsschwelle beträgt nur einige Wochen. Nach zwei Monaten der Einnahme setzt bei Absetzung bereits Suchtdruck ein.

Stoffliche Abhängigkeiten haben ebenso wie Zwangsstörungen (Verhaltensabhängigkeiten wie Waschzwang, Kaufsucht o. Ä.) physische und psychische Komponenten. Meist sind es schleichende Prozesse, die sich verselbständigen und in die Abhängigkeit führen. Hintergrund können traumatische Erlebnisse sein oder das elterliche Vorbild im Umgang mit Stress und Konflikten. Oder man spürt, wie Schmerz oder Angst nachlassen, wenn Alkohol oder andere psychotrope Substanzen konsumiert werden. Dann ergibt sich die Abhängigkeit aus dem Versuch der Selbstmedikation. Und für diejenigen, die obdachlos leben, ist das Abtauchen in den Rausch der einzig mögliche Rückzug aus einer unerträglichen Gegenwart.

Für eine Verbesserung der Lebenssituation braucht es viel mehr als Entgiftung und Entwöhnung. Was zum Konsum geführt hat, ist immer noch da, wenn die Droge weggelassen wird. Neben Psychotherapie braucht es längerfristige Unterstützung für die Stabilisierung und den Aufbau eines neuen Umfelds und sozialen Netzes. Dabei können Therapiegruppen und Tagesaufenthalte ausschließlich für Frauen von entscheidender Bedeutung sein. Denn geschlechtergemischte Angebote bergen die Gefahr, dass männliches Verhalten und männliche Sichtweisen dominieren. Frauen brauchen Möglichkeiten, ihre eigene Stärke zu entwickeln und sich aus Abhängigkeiten zu befreien.

Juli 2023, Kalker Hauptstraße

„Ich finde es eine Frechheit, dass man für seine Krankheit so bestraft wird."

Interview mit Louisa (38)

Louisa ist drogenabhängig und lebt auf der Straße. Obwohl sie bei VISION (Verein für innovative Drogenselbsthilfe) Unterstützung bekommt, ist es noch nicht gelungen, Louisa in einer Wohnung oder mindestens übergangsweise in einem Hotelzimmer unterzubringen. Im Jahr 2022 war sie rund sechs Monate im Gefängnis. Nach eigenen Angaben, weil sie ohne Fahrausweis in der Bahn erwischt wurde, also aufgrund der „Erschleichung von Leistungen" wie es offiziell heißt. Dass es gleich sechs Monate Haft wurden, hat möglicherweise mit weiteren Delikten zu tun, etwa Drogenbesitz oder „Schlafen in der U-Bahn", d.h. dem Nicht-Nachkommen eines Platzverweises.

Ich kenne Louisa seit etwa drei Jahren, weiß, wo sie bevorzugt schläft und sehe manchmal nach ihr. Ich wäre so froh, wenn sie endlich von den Drogen und von der Straße wegkommt. Nach einer Therapie und einem festen Wohnsitz könnte sie doch vielleicht wieder als Altenpflegerin arbeiten.

Aber noch beginnt Louisas Tag mit einer Heroinzigarette. Ihr Gebiss ist in einem desolaten Zustand und weist größere Lücken auf. Gesellschaftsfähig wirkt Louisa nicht. Sie ist unruhig, schaut sich immer um, denn ihre Dealer waren schon ausverkauft an diesem Freitag. Warum? Es ist Monatsanfang. Wir sitzen in einem syrischen Schnellrestaurant mit Außengastronomie und schauen auf die Straße.

Christiane: Wo hast du dein Schlafzeug deponiert?
Louisa: An der Apotheke. Aber es ist mir schon mega-oft geklaut worden.

Wenn du an die kommende Nacht denkst, machst du dir keine Sorgen? Hast du keine Angst?
Nö.

[Louisa ist nicht bei der Sache. Sie sieht einen beleibten älteren Mann, während wir uns unterhalten, und läuft zu ihm. Es kommt zu einem kurzen Wortwechsel zwischen den beiden, in dem er sie vor der Polizei warnt. Sie sitzt wieder neben mir, ist aber weiterhin abgelenkt und hält Ausschau nach bestimmten Personen.]

Was ist deine Hauptbeschäftigung am Tag?
Betteln.

Seit wann lebst du auf der Straße?
Seit drei Jahren. Ich fühl mich hier sicher. Ich kenne die Leute und die kennen mich.

Und die Kälte?
Ja, es ist kalt.

Wie ging es dir im Knast? War es dort nicht besser als auf der Straße?
Nein. Ich fand es ganz schlimm.

Hast Du Arbeit gehabt?
Ja, in der Wäscherei.

Hat das Spaß gemacht?
Mal ja, mal nein.

Warum nutzt du keine Notschlafstelle?
Durch meinen Drogenkonsum krieg ich das nicht hin.

Konnte VISION dir nicht helfen?
Ja, doch. Ich habe angefangen. Aber das ist dann gescheitert, weil ich nicht hingegangen bin.

Aber demnächst willst du eine Entgiftung beginnen, hast du erzählt. Was ist denn nun anders, so dass du deine Situation verändern willst?
Mein Wille ist stärker.

Wann beginnst du deine Drogentherapie?
Ich mache keine Therapie. Ich mache Entgiftung.

Warum machst du keine Drogentherapie?
Weil die für'n Arsch ist in Köln.

Willst Du gehen?
Ja, ich bin unruhig.

[Einige Wochen später, Ende März, unternehme ich einen neuen Anlauf. Louisa lebt noch immer in einem Hauseingang. Sie hat sich dort eine Art „Zimmer" geschaffen, abgesperrt mit zwei Papiermülltonnen. Ich möchte endlich das Gespräch mit Louisa führen und erläutere ihr nochmals, worum es mir dabei geht.]

Louisa, würdest du etwas über deine Herkunft, dein Leben erzählen? Ich meine deine Familie, die Kindheit, Schule, Berufsausbildung, Jugendliebe …
Wo soll ich anfangen?

Wo bist du aufgewachsen? Wie war deine Kindheit? Erzähl mal aus deiner Kindheit.
Ich wurde in Heinsberg geboren, 1984. Ich habe dort eine sehr chaotische und Scheiß-Kindheit gehabt mit meiner Schwester, die zweieinhalb Jahre jünger ist. Meine Mutter war psychisch krank, mein Vater war Alkoholiker. Aber ich habe immer ein sehr gutes Verhältnis zu meiner Oma gehabt. Die hat mir auch die besonderen Charaktereigenschaften mitgegeben, die ich bis heute habe und auf die ich auch sehr stolz bin. Schulbildung habe ich keine. Ich habe sehr früh mit Drogen angefangen und mich mit anderen Sachen beschäftigt. Dadurch habe ich die Schule nicht ernst genommen

Gab es nichts Gutes in deiner Kindheit? Hattest du auch glückliche Momente?
Ja, bei meiner Oma.

Erzähl doch mal ein bisschen.
Was genau?

Wie du aufgewachsen bist.
Ich bin halt bei meiner Mutter aufgewachsen. Aber die war immer weg. Ich musste meine Schwester mehr oder weniger alleine großziehen.

Wo war der Vater?
Meine Eltern sind geschieden, seitdem ich klein bin.

Du hast deinen Vater nicht gekannt?
Doch, er hat uns alle zwei Wochen abgeholt, an Wochenenden. Er war korrekt. Aber, es ist alles so kompliziert. Es überfordert mich jetzt auch, darüber zu reden.

Okay, dann kürzen wir das Kapitel Kindheit ab, wenn du nicht weiter darüber sprechen willst. Hattest du jemals eine Wohnung?
Ja, ich habe immer eine Wohnung gehabt, bis ich hier nach Köln gekommen bin. Ich habe zwei Kinder, mit denen habe ich in einer Wohnung gelebt. Bis mir mein Sohn weggenommen wurde. Danach bin ich nach Köln gekommen und wollte mich umbringen. Ich hatte eine Räumungsklage, habe mich nicht darum gekümmert und nicht den Ernst der Lage gesehen, was das für einen Rattenschwanz nach sich zieht und dass man dadurch auf der Straße landet und wie schwer es ist, da wieder rauszukommen.

Und die Wohnung war in Heinsberg?
Es war einmal in Wassenberg und einmal in Heinsberg

Seit wie vielen Jahren bist du in Köln?
Ich habe kein Zeitgefühl. Seit ungefähr zehn Jahren.

Gab es jemand, der dir geholfen hat in den letzten zehn Jahren?
Mir hätte bestimmt jemand geholfen. Aber ich habe Hilfe nicht wirklich angenommen. Mir war irgendwie der Drogenkonsum immer wichtiger.

Du hast also auch keinen Kontakt zum Kölner Hilfesystem?
Doch, ich gehe regelmäßig zu der VISION. Aber ich habe keinen Betreuer oder sonst irgendwas, obwohl ich das eigentlich dringend mal machen sollte. Ich will mein Leben nicht so weiterführen. Ich möchte was ändern und ich schaff das alleine einfach nicht.

Welche Möglichkeiten sieht der VISION e.V. für dich?
Habe ich noch nicht konkret drüber gesprochen. Aber eine Hilfe hatte ich, das habe ich vergessen. Die von Christiane Niesel. Die stand immer an meiner Seite.

Ja, aber bis jetzt habe ich dich auch noch nicht aus der Obdachlosigkeit herausgezogen.
Aber du bist da. Du bist da und gehst den Weg mit mir. Man darf nicht vergessen, ich bin seit 20 Jahren abhängig, dass das nicht alles von heute auf morgen geht, das ist doch klar.

Ja, das Leben auf der Straße kriege ich durch dich so ein bisschen mit. Das ist nicht einfach. Und es gibt einfach auch sehr viele verrückte Menschen auf der Straße. Das wäre für mich das größte Problem, was ich auf der Straße hätte, dass einfach unglaublich viele verrückte Menschen unterwegs sind, die unter Umständen auch gefährlich sind.

Ich geh dem Ärger aus dem Weg. Ich höre auf mein Bauchgefühl. Oder meine Erfahrung? Intuition? Durch meine Lebenserfahrung habe ich ein sehr gutes Gespür, was Gefahr angeht. Und gucke, dass ich mich nicht darauf einlasse. Ja, es kann immer irgendwas passieren. Plötzlich. Aber bis jetzt habe ich das gut gemeistert.

Was waren so die schlimmsten Erlebnisse auf der Straße?
Die Asozialität der Menschen, die Kälte, die Ignoranz, die Ekelhaftigkeit der Menschen.

Also keine Gewalterfahrung?
Nein, keine Gewalterfahrung.

Auch nicht, wenn du geschlafen hast? Bist du da schon mal irgendwie getreten worden?
Ich habe mit einer Freundin hier im Durchgang an der Hauptstraße geschlafen und es kamen zwei Marokkaner vorbei, die zwar nicht fest, aber die uns schon getreten haben.

Wo war diese Stelle, wo dir das passiert ist, mit deiner Freundin?
Gegenüber von der Schlafstelle, im Hauseingang.

Dieser Hauseingang ist erstaunlich. Ich glaube, hier wohnen gar nicht so viele Parteien. Ich habe vorhin mal von außen geguckt. Ja, man muss hier erst mal über ein paar Beine steigen, wenn man in seine Wohnung möchte.
Kennst du die Leute, die hier wohnen? Sind das jetzt schon Bekannte von dir?
Ja, ich kenne diese Leute, die dulden das auch, dass ich hier schlafe und übernachte und konsumiere. Aber wenn sich andere hinzugesellen und auch hier sitzen und mitkonsumieren und den ganzen Müll hier liegenlassen, wird das nicht toleriert. Deswegen musste ich auch schon einmal diesen Platz verlassen. Zum Glück habe ich ihn wieder und die akzeptieren das bei mir halt, weil ich mich ordentlich verhalte, meinen Müll wegräume und mich benehme.

Kannst du hier durchschlafen?
Wenn mich die Leute in Ruhe lassen und mich keiner wach macht oder sonst irgendwas. Wenn mich keiner stört, kann ich durchschlafen.

Du schläfst ja vor den Türen von einem Geschäft. Sobald der Laden öffnet, musst du dann aber aufstehen und auf die Straße am Rand umziehen.
Das Geschäft ist ein Pfandhaus. Es macht morgens um 8:30 auf. Dann muss ich den Platz verlassen. Montagsmorgens

kommt um sieben Uhr der Putzdienst. Da muss ich früher aufstehen. Am Wochenende ist hier keiner, dann kann ich so lange schlafen, wie ich will.

Wie reagieren Kinder auf dich? Gibt es welche, die dich fragen, ob du hier wohnst oder was du hier machst?
Nein, bis jetzt noch nicht. Die fragen eher ihre Eltern, aber was die dann antworten, das bekomme ich nicht mit.

Wie gehen Menschen, die nicht obdachlos sind, insgesamt mit dir um? Wirst du beleidigt, bestohlen?
Ich erlebe keine körperliche Gewalt, aber die Menschen sind oft ekelhaft und man wird einfach aus der Gesellschaft gedrängt. Das ist ein mega-krasser Unterschied, wie die Leute zu einem sind, ob man obdachlos ist und ob man nicht obdachlos ist. Man wird behandelt wie das letzte Stück Scheiße. Man hat in sämtlichen Läden Hausverbot, weil man angeblich klaut. Dabei klaue ich überhaupt nicht. Du wirst ausgegrenzt, nur weil denen die Optik nicht passt und man kann nichts dagegen machen. Das ist einfach ekelhaft.

Wo hast du Hausverbot?
Im Aldi, im Kiosk, in anderen Lebensmittelläden.

Auch in den türkischen Lebensmittelläden?
Nein, in den türkischen Lebensmittelläden nicht. Da wird man so genommen, wie man ist.

Wurdest du schon mal von anderen Obdachlosen beleidigt, bestohlen oder geschlagen?
Nein. Auch da habe ich noch keine körperliche Gewalt erlebt. Aber man wird beklaut. Man wird beklaut von seinesgleichen, obwohl man eigentlich denken sollte, dass wir untereinander zusammenhalten. Aber das ist nicht der Fall.

Erzähl mal etwas über deine Zeit im Gefängnis.
Ich war sechs Monate in der JVA Ossendorf wegen einer Geldstrafe von 2.000 €. Wegen Schwarzfahren, was ans Inkasso gegangen ist. Ich habe mich wieder um nichts gekümmert und daraus wurde dann der Haftbefehl. Die haben mich kontrolliert und mitgenommen.

Wie oft bist du schwarzgefahren?
Bestimmt 20 Mal.

Das kostet 2.000 €, die du nicht bezahlt hast. Und dann? Wie bist du entdeckt worden von der Polizei?
Durch eine normale Kontrolle, durch eine normale Personenkontrolle.

War das ein großer Schock für dich, als du ins Gefängnis gekommen bist?
Ja, auf jeden Fall. Mir war, also ob man mir den Boden unter den Füßen weggerissen hat. Wie man da behandelt wird. Wie ein Schwerkrimineller. Ich habe nie irgendwas Böses oder Kriminelles getan, obwohl ich drogenabhängig bin, habe ich nicht geklaut, nicht mal Beschaffungskriminalität. Ich finanziere meinen Drogenkonsum nur durch Betteln. Und somit war das für mich ein großer Schock, dieses „eingesperrt sein".

Als du plötzlich für sechs Monate weg warst, habe ich mir auch Sorgen gemacht.
Viele haben geglaubt, ich sei tot.

Ja. Viele haben befürchtet, dass du verstorben bist. Was, natürlich, durch die Drogen auch passieren kann. Wie war deine Zelle?
Ich war erst in einer Dreierzelle. Und nachher hatte ich eine Einzelzelle. Wie sollen die Zellen sein?

Scheiße eben. Man kann sich das ein bisschen gemütlich machen, aber dazu braucht man Material, was man halt nicht hat.

Hast du Besuch gehabt?
Nein.

Hast du gearbeitet in den sechs Monaten?
Ja, ich habe in der Waschküche gearbeitet.

Was hast du da gemacht?
Ich habe den Trockner bedient und die Wäsche gefaltet.

Wie viele Stunden?
Von sieben bis halb zwölf und von dreizehn bis halb vier.

Und gab es da auch schöne Erlebnisse?
Nein.

Kein netter Mensch?
Nein, es war einfach Scheiße. Die Leute sind da link und hinterfotzig. Ich habe meine Zeit nur alleine verbracht, mich auf keinen eingelassen, keinen Umschluss gemacht. Gar nichts.

Den Begriff „Umschluss" kanntest du schon davor?
Ja.

Woher? Ich kannte den nicht.
Von Leuten hört man das. Die meisten Abhängigen waren mal im Knast. Und man kennt das einfach.

Was hast du die ganze Zeit gemacht, gelesen?
Fernsehen geguckt.

Als du aus der Haft herauskamst, hat dich jemand auf das Leben außerhalb des Gefängnisses vorbereitet?
Nein, überhaupt nicht.

Hattest du Kontakt zu einem Sozialarbeiter?
Nein.

Hattest du einen Rechtsanwalt?
Nein.

Warst du im Methadon-Programm?
Ja. Zuerst wurde ich abdosiert im 10-Tage-Schema und habe mich drum gekümmert, dass ich in ein Methadon-Programm komme. Da kümmert sich keiner um dich und man muss alles selber machen. Wenn du dann nix machst, dann hast du auch nix.

Wie hast du es geschafft, Methadon zu bekommen?
Ich habe über die Drogenberatung ein Fax an das Gesundheitsamt schicken lassen, ob die mich nehmen. Die haben dann das Okay gegeben. Und daraufhin habe ich Methadon bekommen.

Was wäre denn passiert, wenn du es nicht bekommen hättest? Warst du auf „Turkey" oder was wär passiert?
Ich hatte bis dato eh den Mega-Turkey [Reaktion auf plötzlichen Drogenentzug, Anm. P:M.], mir ging es richtig scheiße und ich finde es eine Frechheit, dass man für seine Krankheit so bestraft wird und dass man kein Methadon bekommt, wenn man sich nicht um das Programm kümmert.

Hast du dir dann ab und zu mal was Leckeres zum Einkaufen gekauft?
Nein.

Du hast nichts eingekauft?
Doch, Tabak, Kaffee halt das Nötigste. Aber jetzt nichts Besonderes.

Hattest du Geld?
Im Gefängnis bekommt man kein Hartz IV. Man kann dort arbeiten gehen oder man hat monatlich ein Taschengeld-Anspruch von 40 €, mit dem man aber nicht auskommt, wenn man raucht.

Versorgen dich manchmal die Leute, die hier wohnen?
Am Anfang ja. Da haben sie mir schon mal einen Kaffee

gekauft oder sonst irgendwas. Aber als die gesehen haben, dass ich ein Junkie bin und drogenabhängig, haben die mir nichts gegeben.

Wenn wir planen, wie es für dich weitergeht, wäre die Entgiftung der erste Schritt. Hast du schon einmal entgiftet?
Ich habe bestimmt schon zwanzig Entgiftungen gemacht und drei Therapien, Langzeittherapien. Ich bin aber leider immer wieder rückfällig geworden. So viele Entgiftungen. Ich habe zwei wunderbare Kinder. Um die zu behalten, habe ich versucht, clean zu werden und habe deswegen so viele Entgiftungen hinter mir und war in der Langzeittherapie. Das hätte ich ohne die Kinder nicht gemacht.

Wäre das ja eine Option, wieder zurückzugehen nach Heinsberg und in der Nähe von den Kindern zu sein?
Meine Tochter ist eine erwachsene Frau. Ich werde mich ihr nicht nähern können. Das Jugendamt steht dazwischen. Ich kann sie nicht einfach sehen oder besuchen oder Kontakt herstellen. Es muss übers Jugendamt laufen. Wie, weiß ich auch noch nicht.

Wenn deine Tochter erwachsen ist, dann braucht sie doch keine Erlaubnis mehr dafür, dich zu sehen.
Ich weiß es nicht. Ich bin da überfordert mit. Ich habe auch ehrlich gesagt Angst vor ihrer Reaktion, weil ich versagt habe und die Drogen mir wichtiger waren als meine Kinder.

Kannst du das wirklich sagen, dass dir die Drogen wichtiger sind als deine Kinder?
Nein, aber im Endeffekt ist es ja so. Ich habe mich für die Drogen entschieden und nicht für meine Kinder. Im Endeffekt sitze ich hier und habe meine Kinder nicht großgezogen.

[Interview wurde beendet. Louisa weint.]

Abdosieren
Entzug durch sukzessive Verringerung der Substanz – im Gegensatz zum schlagartigem Absetzen. Wird die Dosis täglich um 10 % reduziert, dauert der Entzug 10 Tage.

Turkey oder Cold Turkey
Auf plötzlichen Drogenentzug reagiert der Körper mit Kälteempfinden, Gänsehaut, Krämpfen, Zittern, Übelkeit, Erbrechen und Kreislaufbeschwerden

Umschluss
Die zeitlich befristete Gelegenheit für Strafgefangene, sich gegenseitig in ihren Zellen zu besuchen und Zeit mit Reden oder Kartenspielen zu verbringen.

März 2024, Neumarkt

„So ein Leben am Existenzminimum, da wird man rückfällig."

Interview mit Natascha (45) und Wiebke (41)

Es ist der 17. Januar 2023. Ich bin wieder am Neumarkt und treffe heute Natascha und Wiebke. Dabei ist auch Achim, ein Schicksalsgenosse und Bekannter der beiden, der das Gespräch mitbekommt. Beide Frauen sind obdachlos bzw. leben in einer Notunterkunft, die früher einmal ein Hotel war.

Wiebke: Ich heiße Wiebke. Ich bin 41, bald 42 Jahre alt. Ich weiß nicht, was ich sonst noch sagen soll. Ich bin seit fünf Jahren in Köln, seit der Haftentlassung 2017. Seitdem bin ich mehr oder weniger obdachlos. Zwischenzeitlich war ich noch mal zweieinhalb Jahre in Haft.

Natascha: Hi, ich bin die Natascha. Ich bin 45 und lebe seit meiner Kindheit hier in Köln. Ich bin obdachlos und zurzeit in einer Notunterkunft, in der Frauen-Notschlafstelle untergebracht. Ich bin drogensüchtig und hab schon mehrmals gesessen. Im Februar 2021 wurde ich aus der Haft entlassen. Ich bin auf Wohnungssuche und werde substituiert.

Wiebke: Ich hab ein Hotelzimmer, sogar ein Einzelzimmer, und hatte davor auch schon mal eins. Das habe ich dann aber verloren, weil ich zwischendurch im Krankenhaus war. Man muss halt jede Nacht dort schlafen, sonst verliert man das Zimmer. Ich habe auch nur ein Einzelzimmer, weil ich ein schriftliches Attest habe vom Arzt. Man muss körperlich schon ziemlich krank sein, um so ein Attest zu bekommen. Sonst ist man zu dritt oder zu viert untergebracht. Aber auf so ein Einzelzimmer wartet man dann auch drei, vier Wochen.

Christiane: Und du bist gerade aktuell wo untergebracht?

Natascha: Hier am Neumarkt, in der Notschlafstelle, im Comeback. Das ist nur für Frauen. Es ist eine ziemlich noble Notschlafstelle, aber da kann man dann auch noch bis zu einem Monat bleiben und muss in der Zeit selbst gucken, dass man wieder was Neues findet. Denn die können einem nicht sagen, wo man nach dem Monat unterkommt und wo man bleibt. Ich bin jetzt seit ein paar Tagen da. Vorher war ich in derselben Einrichtung wie Achim, in der Schmalbeinstraße. Aber am Freitag haben sie mich rausgeschmissen.

Was ist das für eine Einrichtung in der Schmalbeinstrasse?

Natascha: Das ist betreutes Wohnen für Suchtkranke. Es gibt zwei Männerhäuser und ein Frauenhaus. Was soll ich da sagen?

Achim: Du kannst da wohnen, darfst da aber nicht konsumieren. Und wenn du gegen die Regeln verstößt, fliegst du da raus.

Natascha: Da gibt es Unterstützung und Beratung. Eigentlich ist es nur eine Wohngruppe und keine Therapieeinrichtung.

Wer hatte denn von euch beiden schon ein bürgerliches Leben? So mit ganz klassisch mit Schule, Ausbildung, Beruf, Wohnung, Familie, Ehe… diese ganzen Dinge.

Wiebke: Ich, aber nur ganz, ganz kurz. Ich bin zwar früh drogenabhängig geworden, mit 13, aber nur leichte Drogen halt, Ecstasy und so was. In der Woche zur Schule gegangen. Am Wochenende kellnern. Ja, einen Führerschein und eine Wohnung hatte ich auch. Dann habe ich eine Ausbildung in der Krankenpflege angefangen. Im dritten Lehrjahr habe ich abgebrochen, denn ich bin zu der Zeit auf Heroin gekommen. Ja, und damit fing dann der Abrutsch an.

Wo bist du aufgewachsen?

Wiebke: Groß geworden bin ich im Münsterland, aber die Hälfte meines Lebens habe ich in Essen verbracht.

Und Natascha, wie sieht es bei dir aus mit einer in Anführungsstrichen bürgerlichen Existenz?

Natascha: Hatte ich nie wirklich. Meine Eltern waren selbst drogensüchtig und ich bin sehr früh schon draufgekommen. So mit elf. Ich habe eine Friseur-Lehre gemacht, die habe ich auch zu Ende gemacht. Dann habe ich eine KFZ-Mechatroniker-Lehre angefangen, aber im zweiten Lehrjahr abgebrochen. Eine eigene Wohnung hatte ich noch nie. Habe immer bei meinen Lebenspartnern gewohnt. Ich habe zwei Kinder, die sind auch schon volljährig, sind aber leider nicht bei mir groß geworden. Leider habe ich auch keinen Kontakt mehr zu ihnen. Zwar bin ich in Duisburg geboren, aber hier in Köln aufgewachsen und groß geworden. Aber wirklich bürgerliches Leben kann man das jetzt nicht nennen.

Wiebke, wie kam es zu deinem ersten Haftaufenthalt? Mich interessiert auch, wo das war.
Wiebke: Also mein erster Haftaufenthalt war ganz, ganz kurz. Der ging nur vier Monate, aber der zweite folgte schon ein paar Monate später. Da saß ich dann vier Jahre und einen Monat in Gelsenkirchen. Ich habe den nicht komplett abgesessen. Nach zwei Jahren bin ich raus. Die Älteren hatten mich belabert: „Geh doch auf Therapie raus und so!" Ja, ich bin dann nach ungefähr zweieinhalb Jahren raus auf Therapie. Da war ich dann ein paar Monate und ja, eigentlich, es wurde immer schlimmer und schlimmer.

Man lernt die falschen Leute kennen. Therapie nicht abgeschlossen, wieder in Haft, wieder raus. Also Entlassungsvorbereitungen in Haft. Man spricht immer gerade von der „Langstrafen-Kiste." Ich habe in Willich gesessen, auch lange diesen Behandlungs-Vollzug für Langstrafen. Von Resozialisierung kann gar keine Rede sein. Überhaupt nicht. Dann kam ich nach Ossendorf. Da habe ich mein Fachabitur nachgemacht. So bin ich nach Köln gekommen, sollte zurückverlegt werden, hatte dann aber gute Chancen auf Freiheitsstrafe, d.h., darauf, vorzeitig entlassen zu werden. Es waren, glaube ich, neun und zehn Monate früher. Ja, es hieß, ich sollte ins betreute Wohnen. Aber es hat sich dann alles anders entpuppt. Und dann stand ich hier vor der Tür mit meinen drei Müllsäcken und zwei Reisetaschen. Ich hatte etwas Überbrückungsgeld und zigtausend Auflagen, weil ich auch Führungsaufsicht [Nachsorgende Instanz zwischen Haftanstalt und Bewährungshilfe, die die eigentliche Betreuungsarbeit leistet, Anm. P. M.] hatte. Und dann eine völlig fremde Großstadt!

Ich war zwar damals nur im Methadon-Programm schon sieben Jahre ohne Kokain und acht Jahre ohne Heroin, aber hier in Köln lief alles drunter und drüber. Ich müsste zu weit ausholen. Jedenfalls meine Substitution-Vergabe liegt hier am Neumarkt, mitten in der Szene. Und wenn eh alles schief läuft ... also, es hat keine drei Wochen gedauert. Und dann hatte ich meinen ersten Rückfall nach acht Jahren.

Also Rückfall heißt, du bist wieder straffällig geworden?
Wiebke: Straffällig sowieso, aber rückfällig mit Kokain. Kokain, also Drogenrausch

Wie ist es zu der Straffälligkeit gekommen? Was waren die Delikte, die dich in den Knast gebracht haben?
Wiebke: Bei mir war es Beschaffungskriminalität. Es gab viele Kleinigkeiten, bei denen ich nicht erwischt worden bin. Also so ganz früher ... da bin ich für jemand anderes Kurierdienste gefahren, d.h.: Einfuhr von Drogen. Bei so Sachen bin ich nicht erwischt worden. Aber dann Ladendiebstähle, Einbrüche und leider auch zwei Sachen, auf die ich nicht stolz drauf bin. Zwei Raubüberfälle.

Natascha: Banküberfälle?

Wiebke: Nein, das nicht. Aber trotzdem. Das eine Mal ohne Waffengewalt, das andere aber mit Waffengewalt und es gab auch Verletzte.

Oh ...
Wiebke: Das ist aber sehr, sehr lange her, 2007 war der letzte Raub.

Das würde mich auch in deinem Fall interessieren, Natascha. Warum warst du inhaftiert?
Natascha: Ich habe zum ersten Mal in Haft gesessen, da war ich gerade 14 geworden. Das war in den 1990ern. Da lief das hier am Neumarkt alles noch ein bisschen anders ab. Ich weiß noch, als ich zum ersten Mal ein gemahlenes Gramm in der Hand gehalten hab, das hatte ich als Kommi [Drogen „in Kommission" zu bekommen, die erst nach dem Verkauf mit dem Großdealer abgerechnet werden] bekommen, da habe ich mich wie der King gefühlt. Dann wurde ich aber kontrolliert und habe einen Platzverweis kassiert.

Als ich einige Tage nach der ersten Kontrolle wieder kontrolliert wurde, haben die dann fünf Gramm bei mir gefunden. So kam es zu meinem ersten Aufenthalt im Knast. Der war zum Glück recht kurz. Der Haftrichter hatte damals gehofft, das könnte mich abschrecken. Ich habe sechs Wochen abgesessen und bin dann auf Blitzentlassung rausgekommen. D.h., die stehen dann irgendwann einfach vor deiner Tür und sagen: „Pack deine Sachen!"

Du warst ja fast noch ein Kind.
Natascha: Ich war gerade 14 geworden und ganz stolz auf meinen ersten Fünfer-Beutel ...

Ein „Fünfer-Beutel", was ist das?
Natascha: Ein fünfer Beutel Heroin. Ich bin zwar nach sechs Wochen raus, habe aber ein Jahr und sechs Monate Bewährung bekommen. Wie Wiebke es auch gerade erzählt hat, kurz darauf musste ich schon wieder einsitzen.

So geht mir das seit meinem 14. Lebensjahr. Ich habe insgesamt schon fast 15 Jahre abgesessen, davon fünf von an einem Stück. Meine letzte Haft war 2020. Da bin ich dann auch vorzeitig entlassen worden. Meistens habe ich wegen Beschaffungskriminalität gesessen, aber auch Körperverletzung und Besitz von BTM.

Körperverletzung heißt was, du hast auch geschlagen?
Natascha: Schon so, dass andere verletzt wurden. Meistens ging das von mir aus. Deswegen habe ich dann auch immer hohe Strafen bekommen.

Warst du dabei unter Drogen oder hast du das nüchtern gemacht?
Natascha: Meistens unter Drogen. Denn eigentlich bin ich eine ziemlich Ruhige ... Aber sobald ich damals Drogen genommen hatte, gab es Krawall. Und hast du nicht gesehen, habe ich dann körperlichen Streit gesucht. Dabei sind meistens schwere Verletzungen zustande gekommen. Deswegen habe ich dafür auch einmal diese fünf Jahre bekommen, wovon ich vier und neun Monate abgesessen habe. Ja, so war das. Wie gesagt, ich galt als Wiederholungstäter. Und im Moment bin ich auf Führungsaufsicht und Bewährung draußen.

D.h., man muss sich regelmäßig irgendwo melden.
Natascha: Müsste ich eigentlich. Genau. Das tue ich aber nicht, denn zur Zeit bin ich haftunfähig geschrieben, da ich ja gesundheitlich nicht so gut dran bin. Ich bin nämlich krebskrank.

Das ist hart. Wenn du zurückschaust, wo war es denn für dich besser, in Haft oder auf der Straße?
Natascha: Für mich war Haft immer so eine Sache. Erst dachte ich, das ist das Schlimmste, was mir je passieren konnte. Wenn die Freiheit weg ist und die Selbstständigkeit, dann kannst du die Menschenwürde vergessen. Aber manchmal, wenn ich etwas länger eingesessen hab und man sich eingelebt hatte, wenn man so alles aufgebaut hat in seiner Zelle und seine Arbeit, seinen Einkauf, seine Leute hat ... Dann hat man sich doch auch gesagt: „Mir geht es eigentlich gar nicht so schlecht in Haft. Der Knast hat mich mal wieder gerettet, sonst wäre ich wahrscheinlich schon längst unter der Erde."

Und du Wiebke? Was ist schlimmer? Gefängnis oder Straße?
Wiebke: Also ganz ehrlich, Knast war für mich immer das Schlimmste. Keine Freiheit zu haben. In den letzten zwei Jahren in Köln geht es mir richtig, richtig schlecht. Psychisch und körperlich. Ich hatte mir vorgenommen, nicht mehr so viele Straftaten zu machen, damit man nicht

mehr einfährt. Aber so ein Leben am Existenzminimum, da wird man rückfällig. Aber weil ich oft in Langstrafe war, also mindestens zwei Jahre am Stück, habe ich manchmal gedacht, „Verflixt, in Haft ging es dir besser, da hattest du einen strukturierten Tag". Ich bin immer arbeiten gegangen, ganz normal arbeiten gegangen, von morgens bis nachmittags.

Was hast du gemacht? Warst du in der Wäscherei?
Wiebke: Ich habe sehr vieles schon gemacht.

In der Haft?
Wiebke: Garten -und Landschaftsbau habe ich insgesamt vier Jahre gemacht. Einmal Gelsenkirchen, einmal Willich. Weil ich da mal frei rumlaufen darf. Hausarbeiten auch, ja. Obwohl es mir schwer fällt still zu sitzen. Mode, Näherei. Da war ich 23 Monate. Im Nachhinein, muss ich sagen, hat es mir immer sehr gefallen.

Also Mode – Schrägstrich – Näherei, richtig?
Wiebke: Ja, hat mir sehr gefallen, obwohl das vorher gar nicht mein Ding war. Ich habe etwas Neues gelernt, kam zur Ruhe. Und mein Fachabitur habe ich wie gesagt dann auch gemacht. Was habe ich noch gemacht? In der Verwaltung habe ich geputzt. In der Wäscherei habe ich gearbeitet, in der Werkhalle. Wie gesagt, ich habe auch fast jede Haftanstalt in Nordrhein-Westfalen durch, außer Bielefeld. Ich hätte also 15 Jahre absitzen müssen. Es waren dann neuneinhalb, doch für eine Frau sind neun Jahre schon sehr viel und 15 Jahre in dem Alter sind natürlich richtig, richtig viel.

Achim, du sitzt bei uns. Aber eigentlich geht es heute im Gespräch um die Frauen. Möchtest du auch ein Statement abgeben zum Knast?
Achim: Ich sage immer, der Vollzug, ist der geschlossene Vollzug. Das Leben auf der Straße ist der offene Vollzug

Natascha: Gut gesagt, Achim. Wirklich richtig gut.

Hmm. Aber im offenen Vollzug wird man irgendwie professionell betreut. Auf der Straße eher nicht.
Natascha: Meistens hat man ja gar keine Chance auf einen offenen Vollzug.

Wiebke: Na ja, in Gelsenkirchen gibt es offenen Vollzug. Ich war zwar nur kurz für vier Monate da, aber das ist ganz anders als Ossendorf und anders als in Willich, wo es ein Punktesystem gibt. Seit 2009 gibt es auch Methadon in Haft. Die haben eingesehen, dass die Leute, die zum siebenten oder achten Mal sitzen und eine Strafe von über zwei Jahren haben, dass die nicht ausreichend Entlassungsvorbereitung und Ausgänge haben. Besser ist es, wenn die drei Monate vorher im offenen Vollzug sind, damit sie den Übergang hinkriegen.

Nicht wie hier in Ossendorf: vier Jahre, dann ab, die Tür geht auf und man steht plötzlich da, so wie ich.

Die Sozialarbeiter haben nichts unternommen, um dir zu helfen, in der Welt draußen klarzukommen?
Wiebke: Angeblich schon. Da gab es einen Drogenberater, aber der ist in Rente gegangen. Es gibt z.B. das Soziale Training. Das macht sich sehr gut in der Akte vor Gericht. Das wird immer so wunderbar dargestellt! Aber in Wirklichkeit sind das nur fünf oder sechs Sitzungen, wo dann blablabla und dies und das geredet wird. Es hat nichts mit sozialem Training zu tun.

Stellt euch vor, ihr wärt an Stelle der Politiker und könntet entscheiden, wie oder wodurch man euch sinnvolle Hilfe zukommen lassen kann. Was würdet ihr beschließen, um die Situation für euch zu verbessern?
Achim: Bauen und nochmals Bauen. Und dafür sorgen, dass Obdachlose da reinkommen und bis dahin in Container oder eine Wohnwagen-Siedlung. So was.

Wiebke: In Köln ist die Wohnungsnot eh sehr groß. Es müssen Sozialwohnungen gebaut werden. Auch mein Hotelzimmer kostet die Stadt 46 € pro Tag. Und was die Haft betrifft, eine viel bessere Vorbereitung für die Haftentlassung wäre gut. Sonst ist es vorprogrammiert, dass wir wieder …

Natascha: … da landen, wo wir vor der Haft waren. Das ist meistens so, du bist entlassen und es geht dir hinterher noch viel schlechter als vor der Haft. Weil so eine Haft, die macht ja auch was mit einem.

Und gutes Stichwort. Ich denke die ganze Zeit schon drüber nach. Wie ist das Leben in einer engen Zelle? Ich kann mir das nicht vorstellen, wie man darin klarkommt.
Wiebke: Es gab früher noch nicht mal abgetrennte Toiletten. Da waren wir zu zweit in einer Zelle. Das war in Willich z.B. so. Nicht etwa in einer Doppelzelle, sondern es wurde einfach in eine Einzelzelle noch ein Bett gestellt. Sonst ist noch ein Tisch und eine Toilette vorhanden. Notgemeinschaft nennt sich das, ist ganz normal.

Natascha: Da kannst du in der Zelle scheißen, sozusagen. Du hast das Klo. Und keine zwei Schritte weiter hast du schon deinen Tisch, wo du dran isst und schläfst. Dann das Bett direkt daneben.

Hattet ihr durch diese Enge Beklemmungen oder irgendwelche Panikzustände?
Achim: Natürlich! Die hatte ich und habe ich. Man redet nicht umsonst von „Haftschaden". Klar kriegt die Psyche einen Knacks. Du bist machtlos und immer den Behörden unterlegen. Die Autorität ist einfach zum Kotzen. Und darum will ich damit gar nichts mehr zu tun haben.

Die Autorität ist am schlimmsten – was bedeutet das?
Wiebke: Dass andere über einen bestimmen können und wie die einem begegnen. Das ist oft unmenschlich und entwürdigend. Die meisten sind gar keine Beamten. Mittlerweile gibt es total viele Angestellte, die meisten sind davon noch nicht mal fachlich ausgebildet.

Wir reden hier über die Hausbeamten?
Wiebke: Die ganz normalen Mitarbeiter im Vollzug. Viele sind keine Beamten, sondern einfach nur Angestellte. Oft kommt so ein Wärter daher, hat am Wochenende gefeiert, vielleicht gesoffen, ist vielleicht spät ins Bett. Der kommt dann mit seiner schlechten Laune und kanzelt dich ab „ne, gibt's heut nicht". Da muss man sich von oben anmeckern lassen – für nichts! Und immer zieht man den Kürzeren, wenn man sich das nicht gefallen lässt. Ich sage nicht, dass es nur solche Beamten gibt, aber es gibt solche zu 60 oder 70 %.

Natascha: Die lassen ihren Ärger und ihre privaten Probleme an uns raus, lassen dann ihre schlechte Laune an uns aus, nur weil sie nicht gepennt haben oder Kater haben. Da müssen wir dann drunter leiden, von wegen „Duschsperre" oder „du gehst heute nicht in Umschluss", oder es heißt „dein Küchen-Termin wird gestrichen."

Wiebke: Wer gerne schleimt, ist besser dran. Wirklich neutrale Beamte sind sehr, sehr selten. Und dass es welche gibt, die sich für einen einsetzen, das ist noch seltener.

Natascha: Die von den Beamten, die wirklich straight mit uns sind, die werden von ihren Kollegen gemobbt. Es gibt manchmal auch Beamte, die einen über Jahre begleiten und einen kennen. Mit denen man einfach einen ganz normalen Umgang hat. Aber nicht in Ossendorf. Und Dinslaken, da ist es noch schlimmer! Dinslaken ist halt eine Kurzstrafenhaft. Da sind 60 Frauen, aber der Knast ist oft überfüllt mit 100 oder so – vor allem Abschiebehaft, U-Haft und Geldstrafen. Die Hälfte spricht kein Deutsch, die andere Hälfte ist nur am Heulen, weil sie das erste Mal sitzt. Und es gibt kaum Arbeit, zu wenig Beamte und keinen Umschluss.

Es gibt im Internet so eine Art Knast-Ranking. Da kann man sich darüber auslassen, welches Gefängnis am

schrecklichsten ist oder wo das Essen am besten war.
Wiebke und Natascha: Essen ist am besten in Willich. (beide lachen).

Natascha: Und der schlimmste Knast ist Ossendorf. Ja, ist so.

Wiebke: Aber viele wollen da nicht weg, weil sie den Knast kennen. Die wollen sich nicht verlegen lassen. Ich war immer froh, wenn ich woanders hinkam. Aber als Frau darf man sich nur heimatnah in den offenen Vollzug verlegen lassen, oder wenn es der Resozialisierung dient. Ich kann z.B. nur deshalb nach Ossendorf, wegen der Schule. Fachabitur kann man in keinem anderen Knast machen. Wenn man aber im Gartenbau was machen will, kann man das in Köln nicht. So bin ich halt durch die Knäste gehüpft.

Knast-Hopping.
Wiebke: Willich ist der beste Knast. Die ZaRa-Wohngruppe in Willich.

Was ist das?
Natascha: Das ist der Name der Wohngruppe, da bereitet man sich auf die Therapie vor. Da hast du von morgens sechs bis abends um neun die Türe auch auf. Abends wird zusammen gegessen. Du kannst in die Küche, wann du willst. Es gibt einen Fernsehraum. Du kannst dich eigentlich auf der Abteilung frei bewegen und je nachdem auch im JVA-Gebäude.

Wiebke: Ich finde Willich auch am besten. Aber es kommt drauf an, was man für sich erreichen will, ob man sich z.B. damit abgefunden hat, nicht frühzeitig entlassen zu werden und nach einem oder anderthalb Jahren in Therapie zu gehen. Das kann man nämlich in Willich nicht. Wenn man sich damit abgefunden hat, Endstrafe oder höchstens Reststrafe zu machen und nur wenig konsumiert oder selten, dann ist Willich zum Absitzen der beste Knast.

Es kommt halt drauf an, was man vorhat. In Willich gibt es am meisten Sport, die meiste Arbeit, die bestbezahlten Jobs. Man kann sich frei bewegen. Aber man macht halt in den meisten Fällen Endstrafe.

Keine Haftverkürzung.
Wiebke: Genau. Selbst Ersttäter machen da Endstrafe auch bei vier Jahren. Einen Monat vorher im Offenen und ganz oft UKs. UKs sind Drogen-Screenings. Und sobald ein Drogentest positiv ist, gibt es Lockerungssperren.

Lasst uns noch mal kurz auf die Straße zu sprechen kommen. Wer hat schon mal richtig Platte gemacht? Jetzt seid ihr drei ja alle in Notunterkünften.

Natascha: Haben wir alle

Wo war es am besten?
Achim: Ich habe fast ein Jahr lang in Bonn Platte gemacht, also jeden Tag auf der Straße geschlafen und dann geguckt, wo du was zu essen kriegst. Der Tag draußen in Bonn war immer gut.

Natascha: Für mich ist es in Köln am besten. Früher war ich viel am Dom und am Hauptbahnhof. Am Dom oben auf der Domplatte. Es war aber früher anders als heute. In den 1990ern, konntest du dich da hinlegen und konntest dir deinen Schlafplatz aufbauen. Damals wurdest du nicht vom Ordnungsamt weggeschickt. Es wurde nicht einfach alles, was dem Ordnungsamt nicht gepasst hat, weggeräumt. Heutzutage wird das sofort abgeräumt und entsorgt, wenn du nicht gerade daneben stehst

Wiebke: Ich habe zum Glück noch nicht so oft auf der Straße schlafen müssen. Das erste Mal war vor zwei Jahren im Sommer. Gott sei Dank.

Du warst eher in Unterkünften. Na ja und du warst ja auch viel im Gefängnis, muss man dazu sagen.
Wiebke: Im Gefängnis, ja und habe Platte gemacht. Halt nach dem Gefängnis im Sommer. Für mich war das nicht schlimm, muss ich sagen, im Sommer, nach dem Knast, der Freiheitsdrang ... Am Rhein zu schlafen, das war toll für mich. Aber letztes Jahr im Winter war es alles andere als schön

Wie ging es dann weiter
Wiebke: Ich bin dann erst mal in die Entgiftung gegangen. Da bin ich auch im Moment noch. Das hilft, ein bisschen Abstand zu kriegen. Und dann hat meine psychosoziale Betreuung nach knapp fünf Wochen ein Hotelzimmer für mich gefunden.

Ist deine psychosoziale Betreuung ist beim SKF angesiedelt?
Wiebke: Nee. Die habe ich über das Gesundheitsamt. Wenn man im Methadon-Programm ist, gehört das mit dazu. Wenn man substituiert ist, muss man PSB [Psychosoziale Betreuung, die dabei unterstützt, mit dem Ausbleiben der Rauschwirkung zurecht zu kommen und sich neu zu orientieren und zu strukturieren, um nicht durch die nun freie, unausgefüllte Zeit rückfällig zu werden. Anm. P.M.] machen, entweder ambulant Betreutes Wohnen machen oder eben PSB, Psychosoziale Betreuung.

Fühlt ihr euch im Gesundheitsamt gut aufgehoben?
Natascha: Hm. Ich werde morgen das Methadon-Pro-

gramm wechseln. Ich habe mal abdosiert und bin jetzt rausgeschmissen, weil ich die Anmeldung zur freiwilligen Entgiftung nicht wahrgenommen habe. Ich war nicht mehr so stark drauf, war irgendwie stabilisiert. Da habe ich es nicht mehr für nötig gehalten und den Aufnahmetermin nicht wahrgenommen. Daraufhin hat mich meine Ärztin hier im Gesundheitsamt abdosiert. Morgen wechsele ich ins MEREAM [Die Substitutionsambulanz MEREAM behandelt opiatabhängige Patienten mit Ersatzstoffen zum Heroin. Dadurch wird der Suchtdruck gemildert und die gesundheitliche Verfassung gebessert. Hinzu kommt eine psychosoziale Beratung und Betreuung zur Stabilisierung der sozialen Situation. Anm. P.M.] Das ist auch hier um die Ecke. Bei meiner bisherigen Substitution-PSB bin ich eigentlich sehr gut aufgehoben gewesen.

Wiebke: Kommt drauf an, bei wem man ist. Also ich habe Gott sei Dank einen guten Arzt erwischt und eine gute psychosoziale Betreuung. Ich habe aber eben gehört, dass mein Arzt im Mai aufhört. Dann muss ich mir wieder einen neuen suchen. Das Problem beim Gesundheitsamt ist, dass es direkt hier mitten in der Szene ist. Und wenn man sieben Jahre lang sauber war und dann hier auftaucht … na ja. Aber es ist auch praktisch für mich, nur drei Stationen weiter ist mein Hotel.

Abschließend habe ich noch eine Frage zu euren Zukunftswünschen.
Welchen Beruf oder welche Aufgabe in der Gesellschaft würdet ihr gern ausfüllen?

Wiebke: Ich will weg aus Köln und von hier aus ist schwierig, woanders eine Wohnung zu finden. Entweder ziehe ich wieder ins Ruhrgebiet oder wieder Richtung Münsterland. So habe ich mit meiner PSB abgesprochen, dass ich spätestens im Sommer Richtung Münster gehe. Da mache ich eine Therapie, aber nicht deswegen will ich dahin, sondern einfach um Abstand zu kriegen und eine Wohnung zu finden und auch wieder Arbeit.

Welche Arbeit? Garten und Landschaftsbau?
Wiebke: Wenn man vorbestraft ist und keine abgeschlossene Ausbildung, hat man da Riesenprobleme.

Aber im Bereich Garten und Landschaftsbau kriegt man schon was. Das weiß ich.
Und, was würdest du gerne machen, Natascha?

Natascha: Ganz ehrlich, im Moment kommt so was überhaupt nicht für mich in Frage.

Wegen deiner Krebserkrankung? Das geht selbstverständlich vor.
Natascha: Außerdem kannst du nicht arbeiten gehen, wenn du kein Dach über den Kopf hast.

Das ist klar. Aber im Moment seid ihr untergebracht. Wiebke im Hotel und du bist in der Notschlafstelle.
Natascha: D.h., ich gehe abends um acht Uhr da rein und muss morgens um zehn wieder raus. Ich habe keine Rückzugsmöglichkeiten und kann mich nicht ausruhen. Meistens bin ich bin auf der Straße – im Moment. Ich habe keinen Job und ich bin krank.

[Alle drei wollen los. Abhängige Menschen haben selten Zeit. Sie stehen unter Druck, auch unter zeitlichem, solange sie abhängig sind.]

Blitzentlassung

Nach Verbüßung der Hälfte oder Zweidrittel der Strafe ist eine sogenannte Blitzentlassung [vorzeitige Entlassung] möglich.

Führungsaufsicht

Führungsaufsicht wird zumeist Straffälligen mit ungünstiger Sozialprognose oder Schwerkriminellen nach der Strafhaft auferlegt. Es handelt sich um eine nachsorgende Instanz zwischen Haftanstalt und Bewährungshilfe, die die eigentliche Betreuungsarbeit leistet und kontrolliert, ob die gerichtlichen Auflagen eingehalten werden.

JVA Willich II

Die JVA Willich II ist die einzige selbstständige Haftanstalt für Frauen in Nordrhein-Westfalen. Sie bietet 198 Haftplätze im geschlossenen Vollzug – also für Frauen mit einer Freiheitsstrafe über 3 Monate und Sicherungsverwahrung. Und es gibt 66 Haftplätze im offenen Vollzug, wozu u.a. die Frauen zählen, die eine Ersatzfreiheitsstrafe leisten.

Punktesystem / Regelungskatalog

In Willich II existiert ein Punktesystem zur Sanktionierung. Je nach Schweregrad wird Fehlverhalten (Kein Ausrücken zur Arbeit, Gewalt gegen Personen, mutwillige Beschädigung von Gemeinschaftsinventar bis hin zu Konsum/Besitz/Fund von Drogen oder Alkohol und einem Rückfall) mit Punkten von zwei bis zehn geahndet und entsprechend Privilegien gestrichen. Man kann aber Negativpunkte wieder ausgleichen.

PSB – psychosoziale Betreuung

Heroinabhängige und Abhängige von anderen sogenannten harten Drogen können eine Behandlung durch Ersatzstoffe wie Methadon oder Subutex in Anspruch nehmen, die die Symptome des körperlichen Entzugs lindern, aber nicht euphorisierend wirken. Begleitet wird die Substitutionsbehandlung durch eine psychosoziale Betreuung. Sie unterstützt dabei, ohne die Rauschwirkung zurecht zu kommen und sich neu zu strukturieren, um nicht durch die unausgefüllte Zeit rückfällig zu werden. „Meine PSB“ bezeichnet dabei oft die Person, analog zu mein Arzt.

April 2023, Venloer Ecke Brüsseler Straße

Ansprüche an den Strafvollzug

„Kriminalität und Strafvollzug sind vorrangig Männersache“, erfährt man auf der Informationsseite der JVA Vechta. Nur ein Viertel der polizeilich ermittelten Tatverdächtigen ist weiblich. „Der Anteil der Frauen an den rechtskräftig Verurteilten ist mit 16 % noch geringer. Und schließlich zeigt ein Blick in unsere Gefängnisse: Nur etwa 5 % aller Inhaftierten sind Frauen.“ Frauenvollzug ist also ein Minderheitenthema. Auf dem Justiz-Portal NRW findet man noch diese Angabe: „Der Frauenvollzug in Nordrhein-Westfalen ist ein Mehrgenerationenvollzug. Eine Binnendifferenzierung nach Alter, Vollzugsdauer und Delikt ist schon aufgrund des prozentual kleinen Anteils von weiblichen Inhaftierten nicht möglich.“

Am 31.03.2023 waren in Nordrhein-Westfalen insgesamt 702 weibliche Strafgefangene gegenüber 10.342 männlichen Strafgefangenen in Haft. Was kennzeichnet diese Minderheit oder anders gefragt, welche Gemeinsamkeit lassen sich bei Frauen ausmachen, die im Gefängnis sind oder waren? Frauen in Haft haben häufig psychische, physische und/oder sexualisierte Gewalt erfahren, in der Familie, deren Umfeld oder in der Partnerschaft. Sozialisationsdruck und verinnerlichte Rollenbilder führen dazu, dass sich weibliche Konfliktverarbeitung oft gegen das Selbst richtet. Schuldgefühle, Selbstzweifel, mangelndes Selbstwertgefühl, Resignation verschärfen die als problematisch erlebte Gegenwart. Persönliche Entwicklungsdefizite ziehen häufig psychische Störungen wie Depressionen und Ängste und sehr oft Substanzmissbrauch nach sich. Hinzu kommt, dass viele der Frauen nicht über qualifizierte Schul- bzw. Berufsabschlüsse verfügen und es ihnen auch daher schwerfällt, konkrete Verbesserungen für ihre Lebensumstände anzugehen.

Sie haben gestohlen – von Ladendiebstahl bis Einbruch ist alles vertreten – Gelder unterschlagen, sind wegen Beleidigung und Tätlichkeiten eingesperrt oder können Geldstrafen nicht bezahlen. Auch Frauen legen Brände, verletzen und prügeln. Doch mehr als 80 % aller Gewaltstraftaten in Deutschland werden von Männern begangen. Wenn Frauen Gewalt ausüben, dann geschieht das häufig in ihrem Nahfeld und ist mit emotionalen Konflikten und dem Gefühl von Ausweglosigkeit verbunden. Das mag die Taten nicht entschuldigen, aber beim Blick auf die Strafzumessung spielt es doch eine Rolle, weil solche Krisensituation, die zu der Tat führten, hochspezifisch sind und sich eher nicht wiederholen. Dass diese Frauen einschlägig rückfällig werden, ist nicht wahrscheinlich.

Die überwiegende Mehrheit weiblicher Inhaftierter wurde aufgrund von Vermögensdelikten verurteilt. Bei einfachem Diebstahl und einfachem Betrug übersteigt der

Frauenanteil sogar den der männlichen Delinquenten. Die Strafen für solche Bagatelldelikte betragen nur wenige Wochen oder Monate, bleiben oft unter einem Jahr. In vielen Fällen handelt es sich um Beschaffungskriminalität. Aber auch ohne kriminelle Energie kann Freiheitsentzug drohen, wenn z.B. eine Geldstrafe nicht bezahlt werden kann. Je nach Delikt wird eine Anzahl von Tagessätzen verhängt. Für Diebstahl werden (nach Wert des Entwendeten) fünf bis dreißig Tagessätze angesetzt. Die Höhe der Tagessätze richtet sich nach dem Einkommen des Delinquenten. Bei Geringverdienern oder Arbeitslosen ist entsprechend wenig zu holen.

Die umstrittene Ersatzfreiheitsstrafe

Auch ohne gültigen Fahrschein öffentliche Verkehrsmittel zu nutzen, kann zu einer Anzeige und unter Umständen zu Gefängnisaufenthalt führen. Das Delikt nennt sich „Erschleichen von Leistungen" und das gilt laut § 265a, der 1935 ins Strafgesetzbuch (StGB) aufgenommen wurde, als Straftat. Jährlich werden etwa 550.000 Menschen wegen geringfügiger Vergehen zu Geldstrafen verurteilt. In rund zehn Prozent der Fälle handelt es sich um Menschen ohne Einkommen, die weder Geld für eine Fahrkarte, noch für die Strafzahlung aufbringen können. Stattdessen wird eine Ersatzfreiheitsstrafe verhängt, die – wie es im Wortlaut heißt „an die Stelle einer uneinbringlichen Geldstrafe tritt". Wer also das erhöhte Beförderungsgeld nicht zahlen kann oder wer mehrfach ohne Fahrschein erwischt wurde, dem droht eine Anzeige. Ob und wann Anzeige erstattet wird, liegt im Ermessen des Verkehrsunternehmens. Es handelt sich um ein klassisches Armutsdelikt, denn wie soll man sonst zum Amt oder zum Arzt kommen? Die Fahrkarte hin und zurück kostet vielleicht sechs, das erhöhte Beförderungsgeld 60 €. Doch wer das Geld für den Fahrschein nicht hatte, verfügt in der Regel auch nicht über die Mittel, das Bußgeld zu bezahlen. Auf die strafrechtliche Verfolgung kann eine Geldstrafe oder ein Strafbefehl ergehen, der bis zu einem Jahr Freiheitsentzug umfasst. So kommt, wer nicht zahlen kann, in Haft und „zahlt" mit seiner Freiheit. Wären die Fahrtkosten für wirklich Jeden und Jede erschwinglich, gäbe es dieses Delikt vermutlich nicht. Als Analogie zur Leistungserschleichung wird gerne das Parken eines Autos auf einem kostenpflichtigen Platz angeführt. Wird die Parkgebühr nicht gezahlt, wird eine Platznutzung erschlichen. Wegen dieser Ordnungswidrigkeit muss niemand eine Gefängnisstrafe befürchten.

Jährlich sind in Deutschland etwa 7.000 Menschen wegen Beförderungserschleichung in Haft. In NRW sind es etwa 700. Daraus ergibt sich die Absurdität, dass der Staat viel Geld dafür ausgibt, armutsbetroffene Personen ersatzweise einzusperren. Die beiden Juristen Dr. Nicole Bögelein und Dr. Frank Wilde haben die Kosten für den finanziellen Aufwand überschlagen. „Wir beziehen dabei Polizei, Staatsanwaltschaften, Gerichte und Justizvollzugsanstalten ein. Am Ende steht eine Zahl von rund 114 Millionen Euro."

Bekannt geworden ist der Fall der Düsseldorferin Gisa M., die zweimal ohne Fahrschein in öffentlichen Verkehrsmitteln angetroffen wurde. Die Heroinabhängige konnte durch Substitution frei von der Droge leben, doch ihre Methadonambulanz war für sie nur mit Bus und Bahn erreichbar. Das wiederholte Fahren ohne Ticket brachte ihr schließlich eine Gefängnisstrafe von sechs Monaten ein, von denen sie vier Monate in der JVA Willich II absitzen musste. So kann eine Schadensumme in Höhe von zwei Fahrscheinen – meist um die sechs oder sieben Euro – zu einer Ersatzfreiheitsstrafe führen und dazu, dass jemand nach der Entlassung vor dem Nichts steht. Dient diese Strafe der Besserung? Schützt sie die Allgemeinheit? Eher nicht. Auch die Bedingungen, dauerhaft clean zu bleiben, werden sich danach eher verschlechtern. Doch muss diese Spirale nicht zwangsläufig in Gang gesetzt werden, wenn das Verkehrsunternehmen, bzw. die Kommune als deren Träger darauf verzichtet, Anzeige zu erstatten. In Köln hat der Stadtrat im Dezember 2023 die Verkehrsbetriebe KVB dahingehend angewiesen. Und auf Bundesebene wird über eine Gesetzesänderung nachgedacht, die den Straftatbestand zu einer Ordnungswidrigkeit mindert und so Leistungserschleichung nicht mehr kriminalisiert. Es bleibt beim erhöhten Beförderungsgeld, aber für Fahren ohne Ticket soll keine Freiheitsstrafe mehr verhängt werden können. Mittlerweile werden zehn Prozent aller Haftplätze in Deutschland von Ersatzfreiheitsstraflern belegt. Nicht nur wissenschaftliche sondern auch wirtschaftliche Gründe sprechen für ihre Abschaffung.

Mehr als 50 Prozent aller Inhaftierten sind für weniger als ein Jahr im Gefängnis. Freiheitsentzug ist die härteste Sanktion im Deutschen Strafvollzug und die wird am häufigsten wegen geringfügiger Delikte verhängt. Das System mit seinen bundesweit 172 Vollzugsanstalten verursacht – wenn man die Ausgaben für Unterbringung und Personal zusammen nimmt – Kosten in Höhe von rund 4,5 Milliarden Euro pro Jahr. Pro Häftling sind es durchschnittlich ungefähr 160 Euro pro Tag. An die Folgekosten für die Wiedereingliederung ist dabei noch gar nicht gedacht.

„Zu viele Gefangene führt Armut ins Gefängnis: Dass der Vollzug diese Kluft noch vertieft, ist inakzeptabel."

Dr. jur. Helmut Pollähne, Strafverteidiger und Strafvollzugsexperte

Maßregelvollzug – ein Willkürsystem?

Anstelle der Inhaftierung in einer Justizvollzugsanstalt können Gerichte Maßregelvollzug verfügen. Das geschieht, wenn in der Urteilsverkündung eine verminderte Schuldfähigkeit oder gänzliche Schuldunfähigkeit des Straftäters oder der Straftäterin eingeräumt wird. Voraussetzung dafür ist, dass eine psychiatrische und/oder Suchterkrankung Ursache für die Straftat war.

§63 StGB findet bei Abhängigkeit von Suchtmitteln Anwendung. Oftmals geht ihm ein Urteil wegen Beschaffungskriminalität voraus. Statt Gefängnis wird der zeitlich befristete Aufenthalt in einer Entzugsklinik verfügt. Erkennt das Gericht aufgrund psychiatrischer Expertise die verminderte oder völlige Schuldunfähigkeit zum Zeitpunkt der Tat an, findet § 64 Anwendung und es folgt die Einweisung in die forensische Psychiatrie. Voraussetzung können eine tiefgreifende Bewusstseinsstörung oder geistige Beeinträchtigung sein. Auch findet man Diagnosen wie Borderline-Syndrom, schwere Persönlichkeits- und Verhaltensstörungen, Psychosen und Schizophrenie.

Wie in den Justizvollzugsanstalten sind in den forensischen Einrichtungen Männer überproportional vertreten, was auch mit den Delikten zu tun hat. Auch Frauen begehen

Körperverletzungen oder legen Brände; die meisten Gewalttäter und die meisten Sexualstraftäter sind jedoch männlich. Der Frauenanteil liegt zwischen fünf und acht Prozent. Frauen, die gewalttätig werden oder sogar töten, haben in fast allen Fällen selbst zuvor Gewalt erlebt. Ihre Taten richten sich zumeist auf Menschen aus ihrem sozialen Nahbereich, nicht selten Partner oder Familienangehörige.

Dadurch sind Frauen in der Regel seltener eine Gefahr für die Allgemeinheit.

Für beide Geschlechter gilt, dass es schwer für sie ist, außerhalb der forensisch-psychiatrischen Kliniken wieder Fuß zu fassen. Wie im Gefängnis haben sie dort weder Freiräume noch Selbstbestimmungsmöglichkeiten. Im Gegensatz zur Haft, wissen sie noch nicht einmal, wann ihr Freiheitsentzug endet. Denn die Aufenthaltsdauer hängt nicht von der Schwere der Schuld ab. Wann, ja sogar ob ein Leben in Freiheit jemals wieder möglich sein wird, darüber entscheiden ForensikerInnen, die in ihren Gutachten Annahmen über die Gefährlichkeit und künftiges Verhalten treffen. Maßregelvollzug heißt, die StraftäterInnen sollen sicher verwahrt und so behandelt werden, dass Fremdgefährdung auszuschließen und erneute Straffälligkeit verhindert wird. Um Genesung geht es nicht.

Im Zuge der Strafrechts- und der Psychiatrie-Reform, die 1975 folgte, führten Praxis und Anordnung des Maßregelvollzugs zu einer Verringerung der Patientenzahlen. Seit den 1990er Jahren findet die Rückkehr zu mehr präventiver Sicherung und zulasten der Grundrechtseinschränkungen der PatientInnen statt. Die Forensik hat sich weiterentwickelt und heute gibt es mehr therapeutische Interventionen. Gleichzeitig werden durch die Prognosen der GutachterInnen oft präventiv Zwangsmaßnahmen verhängt. Im Zweifel wird der Freiheitsentzug verlängert. Die Folgen: In die 78 psychiatrisch-forensischen Einrichtungen in Deutschland werden immer mehr Menschen eingewiesen und müssen für immer längere Zeiträume dort bleiben. Die Aufenthaltsdauer im Maßregelvollzug beträgt durchschnittlich 5,8 Jahre. (Zitiert nach Tatort Zukunft e.V.)

Das Einzelzimmer ist nicht die Regel. In einigen Kliniken, etwa der Fachklinik Bedburg-Hau, werden die Patienten sogar in Vierbettzimmern untergebracht. Überfüllung und Personalnot führen nicht nur zu mehr Gewalt in den Einrichtungen, sondern auch dazu, dass in fast 60 % der forensischen Psychiatrien die erforderlichen Therapien aus finanziellen oder personellen Gründen nicht angeboten werden können. Das hat 2021 hat eine Umfrage der Deutschen Gesellschaft für Psychiatrie und Psychotherapie, Psychosomatik und Nervenheilkunde e. V. ergeben.

Sie ergab auch, dass die Objektivierung und Überprüfung der Verhältnisse in den forensischen Kliniken nur schwer möglich ist, da es kaum Statistiken und Unterlagen etwa über Behandlungsstandards gibt. In ihrem Jahresbericht 2023 schlug die Nationale Stelle zur Prävention von Folter Alarm und kritisierte die Überbelegung und menschenunwürdige Zustände, die vor allem für die Isolationsräume ausgemacht wurden. 2024 gingen die hohen Dosierungen von Antipsychotika als hilflose Reaktion des überforderten Personals durch die Presse.

Neben der Ressourcenknappheit gibt es weitere Aspekte, die gerade den Maßregelvollzug problematisieren. Gutachten und Prognosen können niemals vollkommene Sicherheit bieten. Nicht darüber, ob jemand zu Recht oder zu Unrecht in der Forensik einsitzt, noch über die künftige Straffreiheit. Und wer erneut ein Gewaltverbrechen begeht, bringt die gesamte Institution in Misskredit. Dieses Denken kann ein Grund dafür sein, dass Patienten schlechtere Aussichten zugeschrieben werden als nötig. Und da es keine festgelegten Zeiträume gibt, sondern immer wieder neu über Lockerungs- oder Zwangsmaßnahmen, Aufenthaltsdauer und die Medikation entschieden wird, hängt dem Maßregelvollzug insgesamt der Ruch eines Willkürsystems an.

Frauen im Gefängnis

Da Strafvollzug Ländersache ist, unterscheiden sich die Verhältnisse in Gefängnissen je nach Bundesland. Sie unterscheiden sich aber auch von Haftanstalt zu Haftanstalt. Während es in der JVA Köln Ossendorf nicht gestattet ist, in den Hafträumen zu telefonieren, verfügen z.B. in Berlin die Zellen über einen Internetanschluss. Gefangene haben so die Möglichkeit, über Videotelefonie über die raren Besuchszeiten hinaus, zu ihren Familien Kontakt zu halten. Damit haben sie zudem die Chance, nach Wohn- und Arbeitsmöglichkeiten zu suchen, an Online-Kursen teilzunehmen und schon vor der Entlassung die notwendigen Anträge (Krankenkasse, Jobcenter usw.) zu stellen, um in Freiheit wieder Fuß fassen zu können. Denn darum geht es, den Rückfall in die Straffälligkeit zu verhindern.

Die JVA Willich II ist Nordrhein-Westfalens einzige selbstständige Haftanstalt für Frauen. Im Jahr 2009 wurde ein Neubau eingeweiht und die Zahl der Haftplätze erhöht. Seitdem gibt es 198 Plätze im geschlossenen und 66 Plätze im offenen Vollzug. Dieser bietet den Gefangenen den Vorzug, dass die Sicherheitsmaßnahmen weniger rigide sind und die Haftanstalt unter bestimmten Auflagen stundenweise verlassen werden kann. Ein zentrales Problem ist auch in der JVA Willich der hohe Anteil an drogenkranken

Insassinnen. Immer wieder suchen sie nach Gelegenheiten, sich durch Besucher illegale Substanzen einschmuggeln zu lassen. Auch Blumen mit Hohlstengeln wurden verboten, weil sie schon als Drogenverstecke genutzt wurden.

Wenn suchtmittelabhängige Frauen einen neuen Weg einschlagen wollen, haben sie die Chance, innerhalb des geschlossenen Vollzugs einen der 18 Plätze in der Abteilung ZaRa zu bekommen. Das steht für „Zusammen am Richtungswechsel arbeiten". Voraussetzung dafür sind Krankheitseinsicht und die Bereitschaft, clean zu werden. Es werden individuelle Ziele für den Aufenthalt in der Abteilung ZaRa vereinbart: Das kann die Vorbereitung auf eine externe stationäre Therapie oder den offenen Vollzug sein, aber auch das Einüben des Zusammenlebens für eine therapeutische Wohngemeinschaft oder die Stärkung der Eigenständigkeit im Rahmen des Betreuten Wohnens. Die Frauen leben in Einzelzellen und bleiben zwischen sechs und 18 Monaten. Für die Zeit unterzeichnen sie einen Kooperationsvertrag und erklären sich mit den Sanktionen einverstanden, die für Regelverstöße verhängt werden. Das kann der Fund von Rauschmitteln wie Haschisch oder Alkohol sein, die Verweigerung eines Drogentests, Fehlen bei verpflichtenden Gruppenangeboten, mutwillige Beschädigung von Gemeinschaftsinventar, das Nichterscheinen am Arbeitsplatz. Jeder Verstoß wird nach einem Punktekatalog geahndet – ähnlich wie bei Verkehrsverstößen. Wer nicht am Sport teilnimmt, erhält drei Punkte, wer die Urinkontrolle manipuliert, zehn. Verhängt werden daraufhin verschieden lange Lockerungssperren und schlimmstenfalls droht der Ausschluss aus dem ZaRa-Bereich.

Neben Willich als reiner Haftanstalt für Frauen gibt es in einigen anderen der 36 Gefängnisse Nordrhein-Westfalens gesonderte Frauenabteilungen, etwa in Bielefeld, Dinslaken, Gelsenkirchen und Köln. Die 1969 fertiggestellte Justizvollzugsanstalt Köln-Ossendorf verfügt über rund 1100 Haftplätze und gehört mit München Stadelheim und Bielefeld zu den größten geschlossenen Haftanstalten Deutschlands. In fünf der 17 Hafthäuser der Kölner Anstalt sind Frauen untergebracht. Das sind etwa 310 Haftplätze, von denen gut siebzig für jugendliche und heranwachsende Frauen vorgesehen sind.

Einblick in den Haftalltag

In der JVA Ossendorf sind die Frauen in zweigeschossigen Hafthäusern untergebracht. In den Häusern leben je nach Belegungsdichte pro Flur etwa 35 Frauen in Ein- oder Zweibettzellen mit jeweils 8,5 qm Fläche. Ob eine Einzelzelle eine besondere Strafe oder ein Privileg ist, das hängt sehr von den Erfahrungen und individuellen Vorlieben ab.

Die Hafträume sind aufgrund ihres Alters oftmals in schlechtem Zustand. Immer wieder wird berichtet, dass sie schmutzig sind und es Ecken voller Schimmelbildung gibt. Aufgrund von Asbestbelastung bleiben einige Zellen leer. Immerhin haben die Frauen die Chance, sie durch Teppiche und Gardinen etwas freundlicher zu gestalten. Längst sollte ein Neubau begonnen werden. Doch da die Gefängnisse über die Maßen ausgelastet sind, fehlen Plätze, um die Insassen für die Bauzeit anderweitig unterzubringen.

Geweckt wird morgens um sechs Uhr, nach dem Frühstück wird bis 12 Uhr gearbeitet. Zum Essen kehren die Frauen in die Zelle zurück. Die Tür geht auf, das Essen wird hineingereicht, die Tür schließt sich. Danach folgt die zweite Arbeitsschicht. Der Stundenlohn liegt bei 2,30 Euro, zu arbeiten ist also wenig lukrativ, bietet aber eine Ablenkung vom Haftalltag. Von dem Geld kann man sich alle vierzehn Tage über eine Liste bei einem Supermarkt Waren bestellen. Zigaretten, Schokolade und Chips für den Fernsehabend oder Zutaten fürs Kochen. Es gibt eine Küche im Hafthaus, die abends gerne gemeinsam genutzt wird. Ein Teil des Geldes wird einbehalten und dient nach der Entlassung als Überbrückungsgeld, um in der ersten Zeit in Freiheit zurecht zu kommen.

Etwa 80 Prozent der in Köln inhaftierten Frauen haben keine abgeschlossene Ausbildung und rund 60 Prozent keinen

Auszug aus einem Bestellzettel der JVA Ossendorf aus dem Jahr 2017. Hier können von Schreibwaren, über Süßigkeiten, Hygieneartikel und Lebensmittel Waren aus einem Supermarkt bestellt werden.

531

JVA Köln

	Art.Nr.	Artikel	Grundpr.	Inhalt	Preis		Art.Nr.	
		Rauchzubehör				FEG	76004	Vers
FEG	78955	Camel Hülsen 200er		1 Pack	1,69	FEG	76454	Zeic
FEG	71997	Feindrehfilter 120er	0,01 1Stk	1 Pack	1,15			
FEG	72000	Feuerzeug		1 Stk	0,29			**Mu**
FEG	71262	Tokai Feuerzeug		1 Stk	0,50	FEG	70166	Aron
		max. 2 Stück Feuerzeuge				FEG	70270	B.a.
FEG	78542	Gizeh Papers 10x50er	3,99 1Stk	1 Pack	3,99	FEG	70580	Bler
FEG	81620	Mentholhülsen 200er	0,01 1Stk	1 Pack	1,99	FEG	70269	Bler
FEG	73830	Mini Hülsen Zig-Zag 100	0,01 1Stk	1 Pack	0,75	FEG	70944	Col
FEG	73842	Ministopfmaschine		1 Stk	6,00	FEG	79145	Col
FEG	77689	Muskote Papers 60er		1 Pack	0,59	FEG	79042	Dr.
FEG	74410	Papers 100er		1 Pack	0,55	FEG	71201	Dr.
FEG	74421	Papers 50er		1 Pack	0,25	FEG	71213	Dr.
FEG	74573	Pfeife		1 Stk	15,00	FEG	72904	Elk.
FEG	74597	Pfeifenfilter		1 Pack	3,49	FEG	77604	Elk.
FEG	74603	Pfeifenreiniger weiß		1 Pack	1,50	FEG	71766	Elk.
FEG	80901	Stopfmaschine		1 Stk	3,99	FEG	71778	Elk.
FEG	75401	Marken-Stopfmaschine		1 Stk	7,50	FEG	71780	Elk.
FEG	82624	Winston Hülsen 200er		1 Pack	1,69	FEG	71810	Elm
FEG	76480	Zigarettenbox groß		1 Stk	1,99	FEG	72140	Flu
FEG	76491	Zigarettenbox klein		1 Stk	1,79	FEG	73374	Kuk
FEG	76508	Zigarettenhülsen 200er	0,01 1Stk	1 Pack	1,15	FEG	73398	Kuk
FEG	76510	Zigarettenroller		1 Stk	3,70	FEG	78694	Lab
FEG	71985	Zig-Zag Papers 10x50er		1 Pack	2,65	FEG	73751	Me
						FEG	73763	Me
						FEG	73880	Mu
						FEG	74214	Od
		Schreibwaren				FEG	74263	Ora
FEG	77495	bl Lamy Mine M16 Großr		1 Stk	3,55	FEG	80925	Per
FEG	70385	Bastelschere		1 Stk	1,55	FEG	74512	Per

Schulabschluss. In der JVA besteht die Möglichkeit, Schulabschlüsse nachzuholen – von Klasse 9 (Mittlere Reife) bis zur Fachhochschulreife. Man kann eine Ausbildung als Friseurin, Näherin, Änderungsschneiderin, als Reinigungsfachkraft oder im EDV-Bereich machen, wobei der Bedarf an Plätzen größer ist als das Angebot. Vergeben werden auch Jobs wie Essen Austeilen und Flure Putzen. Die Gefangenen bekommen dafür einen geringen Lohn, aber wenn sie krank sind, gibt es keine Lohnfortzahlung und Rentenansprüche erwirbt man mit diesen Arbeiten auch nicht. Für Einige ist die Arbeitstherapie der passendere Weg, um wieder an eine feste Struktur und regelmäßige Aufgaben herangeführt zu werden.

Ab 18 Uhr ist jede Frau auf sich gestellt, bleibt allein, schreibt Briefe, sieht fern oder liest. Es gibt Gruppenangebote wie Kunsttherapie, einmal pro Woche Sport und Austausch in einer Kirchengruppe. In den einzelnen Häusern herrschen mehr oder weniger strenge Regeln. In einigen sind tagsüber die Türen stundenweise offen, so dass man sich gegenseitig besuchen kann. In anderen sind gemeinsame Treffen in den Zellen nur am Abend als Umschluss möglich, d.h., man wird nicht in der eigenen sondern mit einer oder zwei Insassinnen in deren Zelle eingeschlossen, um dort gemeinsam Musik zu hören, Karten zu spielen oder einfach nur zu reden. Ein Mal pro Woche können die Frauen etwas aus einem begrenzten Supermarktsortiment ordern, das ein Lieferservice in die JVA bringt. Wenn sie eine Vorkontrolle durchlaufen haben und ihre Führung einwandfrei ist, können sie sich abends auch zu mehreren zum gemeinsamen Kochen zu verabreden. Der Tag endet mit dem nächtlichen Einschluss um 21 Uhr.

Am Wochenende fallen die meisten der Angebote und Möglichkeiten weg. Es bleibt nur der Fernseher, der das Aggressionslevel senkt, wenn Langeweile, Einsamkeit und Depressionen die Oberhand gewinnen. Noch viel schwieriger ist es, Feiertage wie Weihnachten, Ostern oder Geburtstage auszuhalten, wenn üblicherweise Familien zusammenkommen. Abhängig von den Delikten und dem Verhalten in Haft, können die Frauen pro Monat drei Mal 45 Minuten Besuch erhalten. Es gibt auch ein Familienzimmer. Falls Verwandte aus größerer Entfernung anreisen müssen, haben sie dort Gelegenheit, längere Zeit miteinander zu verbringen.

Eine medizinische Grundversorgung ist vorhanden, doch wer Schmerzen hat, muss laut Berichten der inhaftierten Frauen zum Teil lange auf einen Arzt warten. Es sind zu viele Patienten für das medizinische Personal.

Das gilt auch hinsichtlich der psychiatrischen Betreuung. In Ossendorf ist eine Psychiaterin wöchentlich einen Tag vor Ort und dann für alle Insassen – also rund eintausend

Menschen – zuständig. Viele der weiblichen Inhaftierten benötigen Neuroleptika. Ein großer Teil weist erheblich psychologische Probleme auf. Um die kümmert sich eine weitere Psychiaterin, die mit einigen Frauen ein sogenannte Pip, ein psychiatrisch intensives Behandlungsprogramm, das langfristig läuft, durchführt. Zudem gibt es zwei externe Therapeutinnen, die ins Haus kommen und regelmäßige Sitzungen mit Klientinnen abhalten. Das Angebot ist aber nur für Frauen in Strafhaft zugänglich, wenn die Therapie einen Teil des Vollzugsplans bildet.

Weisen Frauen gravierende Persönlichkeitsstörungen wie Schizophrenie oder Psychosen auf, die nur schwer therapierbar sind, können sie ins Justizvollzugskrankenhaus nach Fröndenberg überstellt werden. Doch die dortige Psychiatrie hat lange Wartezeiten.

Für Frauen, die akut Unterstützung benötigen, bietet an vier Tagen pro Woche eine Psychologin Entlastungsgespräche an, um die Situation auszuloten, die Person zu stabilisieren und Ressourcen und Bewältigungsstrategien aufzuzeigen oder auch an dysfunktionalen Verhaltensweisen zu arbeiten.

Wie außerhalb der Gefängnismauern gehören Depressionen auch in den Haftanstalten zu den häufigsten psychischen Problemen. Zu den drängendsten zu bewältigenden Problemen gehören Suizidgedanken.

Selbstverletzung und Suizid

Wenn Frauen mit klinischen Diagnosen in die JVA kommen, ist das vorher bekannt, so dass sich die Psychiater darauf einstellen können. Doch grundsätzlich wird bei allen Frauen innerhalb der ersten 24 Stunden durch den psychologischen Dienst eine Zugangsdiagnostik erstellt. Welche Problematiken liegen vor? Besteht Behandlungsbedarf? Wie stabil ist die Frau? Wer erstmalig inhaftiert ist, kann von Verzweiflung, Angst und Panik überwältigt werden und einen sogenannten Haftschock erleiden, der den Lebenswillen zerstört. Im Zuge eines Suizid-Screening wird versucht herauszufinden, ob die Gefahr einer Selbsttötung besteht. Wenn es bereits frühere Suizidversuche gab oder die Frauen schwere Gewalt erlitten haben, werden zur Prävention Sicherheitsmaßnahmen angeordnet. Der Haftraum wird in unregelmäßigen Abständen aufgesucht, um nach der Frau zu schauen. In riskanten Fällen muss die Insassin in einen BGH, einen besonders gesicherten Haftraum, in dem sich nur eine Matratze und als Toilette ein Loch im Boden befinden. Er ist dauerhaft beleuchtet und wird per Kamera ständig überwacht. Man versucht sie anzusprechen, soweit das möglich ist. Das Fachpersonal –

von der Abteilungsleitung bis zur Psychiaterin – entscheidet gemeinsam über den Verbleib in der Sicherung, bzw. wann der Umzug in eine normale Zelle angezeigt ist.

Solche Extremsituationen erleben Frauen vorrangig in der Untersuchungshaft. Das ist eine besonders sensible Phase, in der psychische Probleme und Ängste massiv zu Tage treten. Wenn die Gefängnissituation realisiert wird, kommen Ängste, Scham oder auch Schuldgefühle auf. Betroffen sind vor allem Frauen, die erstmalig in Haft sind, denen das System und die Abläufe fremd sind. Sie leiden unter der Unsicherheit, wie ihr Prozess ausgehen wird und was darauf folgt. Tiefe Verzweiflung und das Erleben sozialer Isolation und Einsamkeit kann Untersuchungsgefangene aufreiben. Sie sind von ihren Familienangehörigen getrennt und wenn laut § 119 der Strafprozessordnung Kontaktbeschränkungen (z.B. wegen Verdunklungsgefahr) verhängt werden, dürfen sie nicht einmal telefonieren. Dann stellt der psychologische Dienst die einzige Gesprächsmöglichkeit dar und bemüht sich um Entlastung und Unterstützung. Aber auch bei Haftantritt sind die ersten Tage und Wochen eine besonders problematische Zeit, in der rund 30% der Suizide stattfinden. Viele Gefangene haben psychische Probleme oder psychiatrische Störungen, können ihre Ängste und Spannungen kaum ertragen. Selbstverletzung ist für manche ein Weg, situativ damit umzugehen. Haben die Frauen keine Eltern, Partner oder Kinder, oder enge Bezugspersonen, die ihnen Halt oder Hoffnung geben, steigt das Risiko der Selbsttötung. „Die Suizidrate weiblicher Inhaftierter ist 8,7-mal höher als die entsprechende Rate der Allgemeinbevölkerung und ist im Gegensatz zu der von männlichen Inhaftierten auch nicht rückläufig. […] Neben Psychiatrien sind Gefängnisse diejenigen Institutionen, die am häufigsten mit Suizid konfrontiert sind." Darauf weisen die Autorinnen Pauline Elger, Hannah Feuerer und Anouk Single in ‚Spezifische Problemlagen und gesundheitliche Versorgung von Frauen in Haft' (2006) hin. Weil es kein so seltenes Problem in Haftanstalten ist, werden mittlerweile die Zahlen systematisch erfasst. „Von 2000 bis 2023 haben sich 1794 Gefangene, davon 58 Frauen und 1736 Männer, im deutschen Justizvollzug suizidiert. […] Wurden 2019 noch 42 Suizide in Gefängnissen in Deutschland verzeichnet, waren es 2021 mit 92 mehr als doppelt so viele", musste das Bundesjustizministeriums 2023 einräumen.

Lebensalter

Betrachtet man die besonders gefährdeten Frauen, fällt auf, dass neben den Lebensumständen vor der Inhaftierung auch das Lebensalter eine Rolle spielt. Gefährdet sind die sehr jungen Frauen, die vielleicht noch nie Geborgenheit und Sicherheit kennengelernt haben. Und die Lebensälteren, die wissen, dass sie vom Leben nicht mehr viel zu erwarten haben. Denn das Suizidrisiko hängt auch mit den Lebensumständen zusammen, in die die Frauen entlassen werden. Die Autorinnen Elger, Feuerer und Single (s.o.) weisen darauf hin, dass sich Frauen, die schon vor dem Freiheitsentzug wohnungslos und/oder sozial isoliert gelebt haben, häufiger suizidieren, weil sie die Ausweglosigkeit ihrer Situation sehen.

Auffällig ist, dass überhaupt zunehmend Frauen in fortgeschrittenem Lebensalter inhaftiert werden.

Zunehmend prekäre Lebensverhältnisse tragen dazu bei, dass sie nicht nur in Puncto Armut und Wohnungslosigkeit, sondern eben auch durch Armutsdelikte, durch unbezahlte Forderungen, aber auch Substanzmissbrauch zu Freiheitsstrafen verurteilt werden. Für manche ist das Gefängnis im Vergleich zu den Notunterkünften, die Städte und Gemeinden im Winter vorhalten müssen, das geringere Übel. In der JVA gibt es meist Einzelzellen, man hält sich auch tagsüber im Warmen und Trocknen auf und wird regelmäßig mit Mahlzeiten versorgt. Freiheitsentzug und totale Fremdbestimmung schrecken Menschen, die auf der Straße leben, nicht in jedem Fall ab. Eine Mitarbeiterin der JVA erinnerte sich an eine obdachlose Frau, die wegen kleinerer Delikte immer wieder in Haft kam, dann entlassen wurde, zurückkam und quasi zwischen Knast und Freiheit pendelte. Als sie im Winter frei kam, wusste sie offensichtlich nicht, wohin, und klingelte abends am Personaleingang mit der Frage, ob sie nicht vielleicht noch etwas länger bleiben könne. Für Frauen in fortgeschrittenem Lebensalter sind die Aussichten nach der Haftentlassung besonders schlecht. Sie sind jenseits der Berufstätigkeit, wenn sie überhaupt zuvor gearbeitet haben. Viele kennen keine geregelten Strukturen außerhalb der JVA. Eine günstige Wohnung für den Lebensabend zu finden ist nahezu aussichtslos. Es bleiben die städtischen Notunterkünfte oder die Straße.

Substanzkonsum

Es gibt bei sehr vielen Frauen, die mit dem Gesetz in Konflikt kommen, auffällige Koinzidenzen. Oft verfügen sie über wenig qualifizierte Bildungsabschlüsse und/oder stammen aus schwierigen familiären Situationen. Ein größerer Teil hat physische oder psychische Gewalt erlebt und manche Frauen geben sie weiter: Gewalt wird erst erlitten und dann ausgeübt.

Es sind auch vielfach selbstunsichere Persönlichkeiten, die zu Abhängigkeitsbeziehungen neigen. Dabei kann es um ein Suchtmittel gehen aber auch um eine „ungesunde" Beziehung, von der sich die Frauen Sicherheit versprechen. Neben Angststörungen und Depressionen ist Substanzabhängigkeit ein zentrales Problem. Die Schätzung der Betroffenenzahlen variieren von 40 bis 70% der weiblichen

Inhaftierten. Bei Frauen liegen der Gebrauch von Heroin und Betäubungsmitteln deutlich vor Alkoholabhängigkeit. Für die erste Gruppe gibt es in der JVA Ossendorf die Möglichkeit, mit Methadon zu substituieren, wodurch es einigen Frauen gelingt, sich in der Inhaftierungsphase auf den Aufenthalt in einer Suchtklinik vorzubereiten. Auch Alkoholentzug wird medikamentös begleitet. Manche schaffen sogar den „kalten Entzug" ohne Ersatzstoffe. Und das, obwohl der Substanzkonsum in der JVA auch nicht völlig ausgeschlossen ist. Wenn der Suchtdruck groß und die Motivation noch nicht stark genug ist, finden die Insassinnen auch dort Mittel und Wege, an diverse Suchtmittel zu kommen.

Wer drogenfrei leben möchte, findet Unterstützung in wöchentlichen Sitzungen des Aufsuchenden SuchtClearings und der Drogenhilfe, in Selbsthilfegruppen und dem Rückfallprophylaxetraining. Es gibt nur begrenzte Plätze und die Hürden dort hineinzukommen sind hoch. Zum Aufhören braucht es ein Maß an Entschlusskraft und Durchhaltevermögen, das viele noch nicht aufbringen und noch während des Gefängnisaufenthalts das Training wieder abbrechen. Dass Frauen aufgrund minderschwerer Vergehen wie etwa Beschaffungskriminalität zu kürzeren Haftstrafen verurteilt sind, kann sich hier negativ auswirken. Oft reicht die Zeit nicht, einen trockenen oder cleanen Lebensstil zu etablieren.

Und so kommt es vor, dass der Wille manchmal nur bis zur nächsten Tankstelle reicht, wo die ersten Euro des Überbrückungsgelds sofort in Alkohol investiert werden. Wenn es zudem kein Zuhause gibt oder niemand, der unterstützt, sind drogengebrauchende Frauen schnell wieder an den Plätzen zu finden, wo sie sich auskennen, nicht allein sind, Bekannte treffen – und Dealer. Je schwieriger die Situation ist, in die die Frauen nach der Haftentlassung zurückkehren, desto größer ist die Gefahr, in alte Verhaltensmuster zu verfallen.

Schwangerschaft und Mutterschaft

Mehr als die Hälfte der Frauen in den Vollzugsanstalten sind Mutter. In der Regel leben die Kinder beim Vater, bei anderen Verwandten oder Pflegeeltern. Sofern es nicht gerichtlich anders verfügt wurde, können die Besuchszeiten auch von oder mit den Kindern wahrgenommen werden. Den Kontakt aufrechtzuerhalten ist für beide Seiten wichtig. Meist haben Frauen stärkere familiäre Bindungen als männliche Inhaftierte, insbesondere wenn sie Kinder haben. Fragen des Sorgerechts beschäftigen sie sehr und auch die Angst, dieses zu verlieren, wenn die Kinder während der Haftzeit fremduntergebracht sind. Dass einer Mutter ihr Kind entzogen wird, ist – bei allem, was sie sich hat zu Schulden kommen lassen – eine traumatisierende Erfahrung. Und je nach Haftdauer, ist es für manche Frauen ein ebenso schwerer wie notwendiger Schritt, das Sorgerecht freiwillig abzugeben und die Belange des Kindes in die Hände von jemandem zu geben, die oder der auch im Alltag präsent ist. Hierbei können Gespräche mit dem psychologischen Dienst zur Klärung und Verarbeitung helfen.

Gerade Themen wie Sexualität und Mutterschaft sind zum Teil extrem belastend. Hier wäre eine geschlechtersensible Gesundheitsfürsorge eine gute Unterstützung. Da viele Frauen in Haft Gewalterfahrungen haben, sexuell ausgebeutet oder misshandelt wurden, wäre weibliches medizinisches Personal wünschenswert, insbesondere im Bereich Gynäkologie. Wenn es auch weniger weibliche Inhaftierte gibt, haben doch Frauenheilkunde und sogar Geburtsvorbereitung in Haftanstalten ihren Platz.

Nimmt man allein das Beispiel Ossendorf, so sitzen dort mitunter gleichzeitig zwei, drei oder vier schwangere Frauen in Haft. Manche erfahren erst nach der Verurteilung, dass sie ein Kind erwarten. Sie werden zu externen gynäkologischen Vorsorgeuntersuchungen jeweils von Bediensteten der JVA begleitet. Vor allem, wenn es das erste Baby ist, sind die Themen Schwangerschaft und Entbindung in Haft für die Frauen eine große Herausforderung. Glücksgefühl wie auch Ängste können nur in den seelsorgerischen Gesprächen und im Austausch mit dem psychologischen Dienst besprochen werden. Und dass die junge Mutter, solange sie inhaftiert ist, ihr Kind nicht aufwachsen sieht, ist ein weiterer Schmerz, mit dem die Frau umgehen muss.

Wenn der Geburtsvorgang einsetzt, sind es wieder Beamte, die die Frau in die Klinik fahren. Ausführen zur Entbindung ist der fachliche Terminus dafür. Nicht der werdende Vater wartet vor dem Kreißsaal auf das Kind, sondern zwei uniformierte Justizbeamte. Die Verweildauer im Krankenhaus ist kurz. In der Regel sind die Frauen schon 24 Stunden nach der Geburt wieder zurück in ihrer Zelle, und zwar allein, also ohne, dass sie betreut werden oder jemand nach ihnen schaut und mit ihnen spricht. Oft leiden sie noch Schmerzen und bluten, haben weder die Entbindung geschweige denn die Abgabe des Kindes auch nur ansatzweise verarbeitet oder fallen in eine postnatale Depression. Mutter und Kind – beide werden durch die frühe Trennung traumatisiert. Es gibt in Strafanstalten mit Mutter-Kind-Stationen, doch die Zahl der Haftplätze beträgt nicht einmal Hundert für ganz Deutschland und nur bis zu einem bestimmten Kindesalter. Dabei weiß man, dass, wenn Frauen die Möglichkeit haben, in Haft mit einem Neugeborenen oder Baby zu leben, dies einen Beitrag zur Stabilisierung und Verantwortungsübernahme leistet und Rückfälligkeit in strafbares Verhalten deutlich verringert.

> „Man macht ja nicht Menschen besser, indem man sie schlecht behandelt, sondern man muss sie genau akzeptieren und mit Würde behandeln. Das ist ja die Handreichung vom Gefängnis, dass man jemanden nicht verachtet und noch kleinmacht im Strafvollzug, sondern dass man probiert, ihn in seiner Persönlichkeit zu entwickeln."

Christian Reschke, Projektleiter bei der Berliner Senatsverwaltung für Justiz und Verbraucherschutz

Entlassung und Resozialisierung

Für Frauen mit langjährigen Strafen gibt es den gesetzlich vorgesehenen Weg, sich dem Leben in Freiheit allmählich wieder anzunähern. Vor den Mauern des Klingelpütz liegt ein separates Gebäude, in dem Frauen dabei begleitet werden, sich auf ein eigenverantwortliches Leben vorzubereiten. Doch der Offene Vollzug ist an Voraussetzungen geknüpft: Fluchtgefahr, Wiederholungsgefahr, Missbrauchsgefahr und Verdunklungsgefahr müssen ausgeschlossen sein. Die Übergangsphase dauert meist mehrere Jahre, in denen etwa ein Schulabschluss nachgeholt, eine Ausbildung oder ein Praktikum gemacht wird. Therapeuten und Sozialarbeiterinnen sind noch da und schaffen einen geschützten Rahmen ohne die Einschränkungen des Gefängnisses. Das Personal arbeitet dort in Privatkleidung und begleitet bei Ausgängen oder Ämterterminen. Abends müssen die Frauen wieder zurück sein.

Im Gegensatz zum Gefängnisaufenthalt, der die Inhaftierten sozial isoliert, bietet der Offene Vollzug die Möglichkeit, sozialkompatibles Verhalten (wieder) zu lernen. Es ist eine Zeit des Ausprobierens, die aber auch zeigt, wie angstbesetzt der Weg in die Freiheit ist. Wenn das Verhalten in Haft auf eine zukünftige Straffreiheit hindeutet, kann das Gericht einem Antrag auf die „Zweidrittelstrafe" nachgeben und die

Restzeit zur Bewährung aussetzen. Doch einige Frauen vertrauen lieber etwas länger auf die haltgebende Umgebung des Offenen Vollzugs, als sich um eine vorzeitige Haftentlassung zu bemühen. Es ist ein Dilemma der Frauen mit niedrigen Selbstwertsystemen, dass sie sich oftmals vor Freiheit und Eigenverantwortlichkeit fürchten.

Bei kürzeren Haftzeiten ist es Aufgabe des Sozialdiensts, gemeinsam mit den Frauen das Leben in Freiheit so vorzubereiten, dass der Übergang möglichst ohne Stress und größere Härten verläuft. Es gilt, das „Entlassungsloch" zu vermeiden, eine häufige Ursache für erneute Straffälligkeit.

Zur Förderung der Resozialisierung Jugendlicher lief 2009 bis 2012 das spendenbasierte Projekt „Resozialisierung und Soziale Integration" (RESI) in Köln. Der Aufbau landesweiter Kooperationen zwischen Haftanstalten, den Sozialen Diensten der Justiz, Drogenhilfe und SchuldnerInnenberatung sowie gemeinnützigen Vereinen und Wohlfahrtsangeboten zur Straffälligenhilfe war das Ziel. Modellhaft gezeigt wurde die Leistungsfähigkeit des Ansatzes einer Integrierten Jugend- und Straffälligenhilfe anhand von 26 männlichen und weiblichen Inhaftierten von 14- bis 17 Jahren. Lediglich zwei wurden erneut straffällig. Eine außerordentlich niedrige Rückfallquote, wie auch in der wissenschaftlichen Begleitung unterstrichen wurde. Der Schlüssel zum Erfolg lag vor allem in der langfristigen und engen Betreuungsbeziehung. Sie machte das Projekt nicht nur besonders effektiv, sondern durch Jahreskosten von 8.400 € für die Sozialpädagogen im Vergleich zu den Aufwendungen von jährlich rund 40.000 € pro Haftplatz wesentlich kostengünstiger. Trotz des positiven Fazits wurde RESI eingestellt, nachdem die Spendenmittel aufgezehrt waren.

Zur Entlassungsvorbereitung gehört, Ausweisdokumente zu beantragen, sich um den Bezug von Bürgergeld und um die Krankenversicherung zu kümmern. Inhaftierte sind automatisch versichert. In Freiheit muss die Versicherung neu abgeschlossen werden. Gesetzliche Krankenkassen sind dazu verpflichtet, die ehemaligen Häftlinge wieder aufzunehmen. Auf diejenigen, die vor dem Vollzug nicht oder nicht regelmäßig Beiträge gezahlt haben, wartet als zusätzliche Last, dass sie für die Fehlzeiten nachzahlen müssen. Da kommen schnell mehrere 1000 € zusammen. Für berufsfähige Haftentlassene, die zurück in den Arbeitsmarkt können und wollen, kann allein dies die Reintegration verhindern, denn es gibt keine Entschuldung, vielmehr wird gepfändet, bis die ausstehenden Forderungen gedeckt sind.

Seit 2021 hat NRW in allen Vollzugsanstalten des Landes „Fachstellen für das strukturierte Übergangsmanagement" installiert. Es geht um die bürokratischen Klippen, die zum Ende der Haft anstehen: Beschaffung von Ausweispapieren, Beantragung einer Steuernummer und gegebenenfalls Hilfen bei der Entschuldung, Sicherung des Lebensunterhalts etc. Das Übergangsmanagement zu professionalisieren ist der richtige Schritt sowohl für Ex-Häftlinge zur Wiedereingliederung aber auch für die Gesellschaft, damit niemand in Arbeits- und Obdachlosigkeit entlassen wird.

„Die Freiheit frei zu sein bedeutet zuallererst nicht nur von Furcht, sondern von Not frei zu sein."

Hannah Arendt

Je nachdem, wie sie vorher gelebt haben, ziehen haftentlassene Frauen – besonders jüngere – wieder bei ihren Familien ein. In anderen Fällen geht es darum, eine Unterkunft zu finden, einen Ankommensort, wohin diese Frauen entlassen werden. Das ist angesichts des Wohnungsmarkts in Köln wenig erfolgversprechend. Zwar will man niemand einfach mit seinem Karton vor die Tür stellen, aber für Wohnungslose kann es dennoch darauf hinauslaufen. Manche wollen sogar wieder auf die Straße, andere begehen erneut Delikte, um in die JVA zurückkehren, wie bereits geschildert. Frauen, die ohne Bindung leben und abseits der Gesellschaft stehen, können oder wollen oft nicht in ein geregeltes Leben zurückkehren. Mitunter hilft der Sozialdienst katholischer Frauen mit seinen niedrigschwelligen Wohnangeboten oder Senioreneinrichtungen. Aber auch die Sozialarbeiter der JVA machen die Erfahrung, dass viele Einrichtungen diese Frauen nicht aufnehmen, besonders wenn sie wegen Betäubungsmittelverstößen inhaftiert waren. Das heißt, durch die Haftzeit hat sich für Viele die Misere verschärft. Wer sich überfordert fühlt, die bürokratischen Erfordernisse zu regeln oder sich entsprechend Hilfe zu holen, läuft Gefahr, wieder zu Drogen zu greifen und kriminell zu werden.

Nur wenn verhindert wird, dass ein Mensch ohne geklärtes Einkommen, ohne Adresse und ohne weitere Hilfestellung aus der Haft entlassen wird, kann die Rückkehr in Freiheit eine echte Chance bieten. Das hehre Ziel des Strafvollzugs, sich nach der Haft in der Gesellschaft straffrei zurechtzufinden, wird weit verfehlt. Darüber geben die Rückfallstatistiken Auskunft. Mehr als 50% der Haftentlassenen werden über kurz oder lang erneut straffällig. Die Rückfallquote bei Frauen fällt etwas geringer aus.

Da Wohnen für die Resozialisierung von so entscheidender Bedeutung ist, sollte die Gesellschaft diese Form von Bewährungshilfe ausbauen, indem verhindert wird, dass die Wohnung während der Verbüßung von Kurzstrafen verloren geht, oder der Übergang in Freiheit durch eine Bleibe sozialverträglich gestaltet wird. Neben den Plätzen des Sozialdiensts katholischer Frauen, die sich auch an straffällig gewordene Frauen richten, böte Housing First für diese Gruppe eine gute Möglichkeit wieder anzukommen.

Manche Juristen weisen darauf hin, dass die Ersatzfreiheitsstrafe ein Druckmittel für diejenigen ist, die über ausreichend Mittel verfügen, ihre Strafen bezahlen zu können. Es geht also auch darum, eine Drohkulisse aufrechtzuerhalten. Dabei nimmt man billigend in Kauf, dass Menschen am Rand der Gesellschaft herausfallen und sich nicht mehr reintegrieren lassen. Grundsätzlich sollte das System der Ersatzfreiheitsstrafen überdacht und angepasst werden. In Berlin etwa gibt es die Möglichkeit, durch gemeinnützige Arbeit den Haftantritt zu vermeiden. Das senkt die Haftkosten, die Allgemeinheit profitiert und auch diejenigen, die die Arbeit verrichten.

Gefängnisse sind ein unnatürlicher Lebensraum, deren wesentliche Aufgabe darin besteht, die Gesellschaft vor Gewalttätern zu schützen. Doch die Mehrheit von Inhaftierten wurden aufgrund von geringfügigen oder Armutsdelikten eingesperrt und bleiben weniger als ein Jahr in Haft. Daniel Loick, ein renommierter Gefängniskritiker, sieht daher eine wesentliche Aufgabe der Haftanstalten in der Armutsverwaltung. Unsere Gesellschaft blickt auf eine Fülle von Problemen, von Betäubungsmittelgebrauch, zunehmender Brutalisierung und fehlendem sozialen Zusammenhalt, auf die Wegsperren keine angemessene Antwort darstellt. (Daniel Loick und Vanessa E. Thompson, Abolitionismus, Suhrkamp 2022)

Dafür spielt auch das Haftklima eine Rolle. Das Unnatürliche der Haftsituation bringt auch heute zuweilen Missstände und Verhaltensweisen hervor, wie 2024 der Skandal in Bayerns modernster Strafanstalt der JVA Augsburg-Gablingen gezeigt hat, wo mehr als ein Dutzend Bedienstete Gefangene misshandelt haben.

Der Rechtsanwalt und ehemalige JVA-Leiter Thomas Galli wird seit Jahren nicht müde, die grundsätzlichen Probleme unseres Justizsystems zu thematisieren. Er ist nicht gegen Freiheitsentzug und Bestrafung. Aber dass Häftlinge einfach nur verwahrt werden, ohne dass ihnen Hilfen für die Veränderung an die Hand gegeben werden, findet er ineffektiv und fordert stattdessen bessere Ausstattung der Justizvollzugsanstalten und qualifizierteres Personal, sowie den Aufbau von Wohngruppen, die ermöglichen, dass sich Menschen wieder eingliedern und Verantwortung übernehmen. (Thomas Galli, „Weggesperrt – Warum Gefängnisse niemandem nützen", 2020)

April 2023, Neumarkt

„Resozialisierung in Haft, das behaupten alle – ist aber nicht."

Interview mit Kathi (27)

Kathi habe ich über eine andere Frau kennengelernt, mit der ich am Neumarkt ein Gespräch geführt habe. Wir sind in Deutz verabredet. Hier erzählt sie, wie ihr von ganz unten ein Neustart gelang.

Kathi: Mein Name ist Kathi. Ich bin 27 Jahre alt. Ich bin bei meinen Eltern auf dem Dorf im Nettetal, im Kreis Viersen, groß geworden. Meine Oma hat gleich nebenan gewohnt. Ich hatte eigentlich eine ganz normale Kindheit.

Christiane: Bist du ein Einzelkind?
Nein, ich habe noch einen Bruder, der bei uns aufgewachsen ist, und einen Halbbruder, der aber bei seinen Großeltern aufgewachsen ist.

Und was haben deine Eltern beruflich gemacht?
Meine Mutter hat in einem Kiosk gearbeitet als Kassiererin und mein Vater, ja, der ist LKW-Fahrer auch jetzt noch. Der fährt halt im Fernverkehr und ist deswegen nur am Wochenende zu Hause und die Mama kam halt erst abends spät nach der Arbeit.

Was hast du erlebt, ab wann war es mit der „ganz normalen Kindheit" vorbei?
Das war 2008, so Ende des 12., Anfang des 13. Lebensjahrs. Da ist meine Oma verstorben und die war wie meine Mama für mich. Sie war mein Ein und Alles. Meine Eltern waren arbeiten und da meine Oma und mein Opa nebenan gewohnt haben, bin ich eigentlich bei denen groß geworden und von meiner Oma erzogen worden. Ich bin auch mit denen in Urlaub gefahren. Und dann, als ich zwölf Jahre

alt war, 2008, ist sie gestorben. Sie hatte einen Schlaganfall und Lungenkrebs. Bei der Körperhygiene hatte sie Hilfe von einer Pflegekraft und da ist sie fallen gelassen geworden. So hat sie dann noch einen Oberschenkelbruch gehabt. Dann ist sie ins Hospiz gekommen und ist dann von uns gegangen, was mich sehr hart getroffen hat. Mein ganzes Leben hat sich dadurch verändert.

Auch in der Schule?

Ich war völlig aus der Bahn geworfen und habe angefangen, die Schule zu schwänzen und bin immer nach Mönchengladbach gefahren, anstatt in die Schule zu gehen. Da musste ich dann immer wieder die Schule wechseln, bis ich am Ende auf einer Schule für schwererziehbare Kinder gelandet bin. Da habe ich ein Neuner-Abgangszeugnis bekommen, aber auch nur, weil sie mich als das einzige Mädchen irgendwie mitgezogen haben.

Du hast die Schule für schwer erziehbare Schüler also noch vor dem Hauptschulabschluss verlassen. Und wie kamst du auf Droge?

Nachdem meine Oma gestorben war, bin ich wieder nach Mönchengladbach und habe da eine alte Freundin wiedergetroffen. Mit der habe ich zusammen geraucht, das war der Anfang. Ich wollte einmal von ihr Piece haben zum Rauchen. Da hat sie mir dann gesagt hier, das kann man auf Alufolie rauchen, das ist Piece. Das war aber kein Joint, sondern eine Heroin-Zigarette. Sie hat mich auf Heroin gebracht. Und dadurch bin ich dann irgendwann von meinen Eltern komplett abgehauen und auf der Straße gelandet.

Was ist das Schöne an Drogen?

Eigentlich ist da nichts Schönes dran. Viele machen das ja, um Probleme zu verdrängen. Klar, im ersten Moment hilft es, dass man seine Probleme vergisst, die Gedanken weg sind, dass man am Fliegen ist und alles wunderschön ist. Aber sobald die Wirkung nachlässt, kommt der ganze Blödsinn wieder. Doch der Reiz ist stark, dass man das immer wieder erleben will. Das ist das Problem. Außerdem muss man auch immer die Dosis erhöhen, um dieses Gefühl noch zu erhalten. Nein, Drogen helfen einem nicht.

Du warst sehr jung für ein Leben auf der Straße. Welche Erfahrungen hast du mit anderen obdachlosen Menschen gemacht?

Es gibt viele Obdachlose in Mönchengladbach. Ich habe dort meine beste Freundin kennengelernt. Anfangs waren wir eine Clique von vier, fünf Leuten, die immer unterwegs waren. Wir haben draußen an verschiedenen Plätzen geschlafen und sind auch beklaut worden – dann waren die Schlafsachen weg. Ich hatte während der Zeit ein halbes Jahr lang einen Partner, mit dem ich dann mal hier, mal dort geschlafen habe. Der hat mich aber leider nicht gut behandelt, der hat mich geschlagen und auf brutalste Weise misshandelt. Natürlich gab es auch schöne Erfahrungen, auch mit dem Partner. Klar, der war immer da. Als ich in Haft gekommen bin, hat er mich auch immer besucht. Mit den Mädels oder mit unserer Clique haben wir schöne Momente erlebt, wenn wir was unternommen haben. Wir waren zusammen im Schwimmbad, mal einen Tag ganz normal gelebt, ohne irgendwie sich Gedanken zu machen, irgendwas zu besorgen und zu konsumieren.

Ich habe dann in Mönchengladbach Platte gemacht, bis ich irgendwann das erste Mal in Haft kam. Dann kam ich wieder raus, bin wieder in Mönchengladbach gewesen, kam wieder in Haft irgendwann.

Wie kam es dazu?

Na ja, durch den Drogenkonsum. Was mir damals als Piece verkauft worden ist, war ja schließlich Schore [Heroin, Anm. C.N.]. Da bin ich dann drauf gekommen, nachher kam auch Kokain dazu. Und da das natürlich alles Geld kostet, kam Beschaffungskriminalität dazu, sprich Diebstähle. Außerdem noch Körperverletzung und Schwarzfahren, Drogenhandel, Drogeneinfuhr. Das hat sich alles geläppert, bis ich dann in Haft gekommen bin.

Unter diesen Delikten war auch Körperverletzung? Warum bist du gewalttätig geworden?

Das war als ich auf Entzug war. Ich bin in eine Parfümerie gegangen und hatte mich einfach da umgeguckt, weil es draußen geregnet hatte. Nach zehn Minuten haben die Verkäuferinnen mich angesprochen, ich solle doch bitte das Geschäft verlassen. Ich wäre schon so lange dort drinnen, ich wolle doch bestimmt klauen. Dem war aber gar nicht so. Ich war wirklich nur zehn Minuten da drin, um mich unterzustellen, weil es draußen geregnet hat. Und da ich mich geweigert habe, den Laden zu verlassen, ist es dann zu einer Rangelei gekommen. Also ich habe die heftig gegen die Einkaufskörbe geschubst und randaliert. Ich bin extrem aggressiv geworden, weil ich auch Entzug hatte.

Und das führte zu deinem ersten Haftaufenthalt. Wie alt bist du da gewesen?

Also das erste Mal war ich mit 14 im Jugendarrest in der JVA Wetter an der Ruhr für eine Woche. Ja, da war ich insgesamt fünf oder sechs Mal. Beim sechsten Mal bin ich da rausgeschmissen worden nach zwei Wochen, obwohl ich drei Wochen gehabt hätte. Es kam da zu Streit mit anderen Mädchen. Deswegen wurde ich früher entlassen. Ich hatte sechs Monate Bewährung. Die wurden dann widerrufen und da sind halt neue Straftaten dazugekommen ... So ist es dann zu einer Freiheitsstrafe von insgesamt einem Jahr, acht Monaten geworden.

Das war alles noch Jugendgefängnis, du warst doch noch nicht 18, oder?
Nein, genau. Ich war 17 und kam dann in die JVA in Köln-Ossendorf in die Abteilung für Jugendliche. Die Jugendlichen in der JVA Köln-Ossendorf waren extrem kindisch. Da kam ich gar nicht klar. Weil ich vom Kopf her einfach viel weiter bin – das haben auch die Beamten so gesehen, dass ich viel zu reif für den Jugendknast bin.

2015 durfte ich auf Weihnachts-Amnestie gehen, sprich einen ganzen Monat früher. Ich musste als Entlassungsadresse eine Adresse angeben, wo ich Post hinbekomme, ob ich da wirklich wohne, war egal. Ich bin entlassen worden, nachdem ich die Adresse meiner Eltern angegeben hatte. Aber tatsächlich habe ich auf der Straße gesessen, bis ich dann für kurze Zeit bei einem Bekannten im Wohnwagen untergekommen bin. Danach war ich aber wieder auf der Straße, bis ich einen Partner kennengelernt habe, der mir eine Wohnung besorgt hat. Da habe ich gewohnt, bis ich das nächste Mal in Haft gegangen bin.

Bist du auf der Straße wieder straffällig geworden? Oder wurde eine Bewährungsstrafe widerrufen?
Da ich halt wirklich in die Obdachlosigkeit entlassen worden bin, auch mit nicht gerade viel Geld, habe ich halt auch wieder Straftaten begangen. Klar bin wieder rückfällig geworden, habe wieder Drogen genommen, bin straffällig geworden und erneut verurteilt worden und wieder in Haft. Später bin ich dann in Therapie, habe aber nach zwei Wochen abgebrochen und bin zurück in Haft. Als ich 19 geworden bin, habe ich mich per Antrag an die zuständige Richterin aus der Jugendstrafe herausnehmen lassen und habe mich heimatnah verlegen lassen in die JVA Willich für Erwachsene.

Wie war der Alltag in Haft? Hattest du Besuche von Angehörigen und Freunden? Hattest du Arbeit?
Also in der JVA Willich habe ich Besuche von meinen Eltern bekommen. Ich war zuerst auf einer geschlossenen Abteilung in einer Viererzelle. Später dann irgendwann in einer Einzelzelle auf einer geschlossenen Abteilung. Nach einiger Zeit hatte ich auch Arbeit. Ich habe dort in der Montage, in der Küche und als Hausmädchen gearbeitet. Ich war damals immer etwas aggressiv und genervt. Aber die haben sich dafür eingesetzt, dass ich wechseln konnte. Und dann bin ich nach anderthalb Jahren auf eine offene Abteilung gekommen für Langzeitstrafen ab fünf Jahren Haft, wo ich mich dann sehr geändert habe. Ich habe an Sport- und Freizeitprogrammen teilgenommen. Und

kam da richtig super klar. Die Bediensteten waren super freundlich. Klar gibt es Ausnahmen. Aber ja, ich kam mit allen gut klar. Ich hatte regelmäßige Gespräche mit einer Psychologin. Wie schon gesagt, habe ich da nachher Schule gemacht und zwar die neunte Klasse Hauptschule. Die Lehrer waren richtig super. Ja, ich hab meinen Schulabschluss gemacht mit 1,6 Durchschnitt in den beiden Abschlussprüfungen. In Mathe und Deutsch hatte ich jeweils eine Eins. Ich bin sehr stolz darauf, das geschafft zu haben. Während der Haft hatte ich keine Kontakte nach draußen hin zu Hilfesystemen – bis auf die Insolvenzberatung. Ich bin in Insolvenz gegangen, Privatinsolvenz. Da gab es in der Haft Unterstützung von der AWO Düsseldorf.

Gab es Sozialarbeiter, die dich im Gefängnis unterstützt haben? Inwieweit hat dir das Hilfesystem im Gefängnis geholfen?

Im Gefängnis während meiner zweiten Haftstrafe, bei der ich drei Jahre und 19 Tage gesessen habe, da habe ich zwei Jahre lang gebettelt und gekämpft, um in eine stationäre Drogentherapie zu kommen. Ich wollte in das Programm „Therapie statt Strafe“ [Anstelle der Haft eine Behandlung in einer suchttherapeutischen Einrichtung, Anm. P.M.], aber die wollten unbedingt, dass ich in eine gesonderte Abteilung komme, in die ich aber nicht wollte. Nach zwei Jahren Betteln und Flehen habe ich endlich Unterstützung bekommen und konnte einen Antrag stellen, außerhalb in Therapie zu gehen. Leider haben aber die Therapeuten ständig gewechselt. Bei mir fünf Mal! Die Frauen haben immer nur kurze Zeit dort gearbeitet und waren dann wieder weg. So gesehen hat mir das leider nix gebracht.

Was wollte das Gefängnis, was du nicht wolltest? Das habe ich nicht verstanden.

In der JVA Willich gibt es eine Extraabteilung namens ZaRa. In dieser Abteilung werden die Abhängigen, die entziehen wollen, auf die Therapie vorbereitet. Aber zu dem Zeitpunkt damals waren in dieser Abteilung mehr Drogen unterwegs als alles andere. Außerdem bin ich mit den anderen Leuten in ZaRa null klargekommen, deshalb wollte ich da weg. Nach zwei Jahren haben sie es endlich eingesehen. Da war ich mittlerweile in einer offenen Abteilung für Langstrafen. Dann haben sie zugestimmt und ich konnte auch ohne den Weg über die Abteilung ZaRa einen Antrag für die Therapie stellen.

Warst du im Methadon-Programm, als du im Gefängnis warst?

In meiner ersten Haft bin ich neun Tage im Programm gewesen. Dort wurde ich abdosiert und dann war ich ein Jahr lang ohne Drogen, dann wieder im Programm. Und am 01.01.2014 bin ich von zweieinhalb Milliliter einfach nicht mehr hingegangen. Ich hatte keinen Bock mehr, hab den Entzug gemacht. Dasselbe habe ich in der zweiten Haft auch gemacht, war im Programm und am 1. Januar 2020 bin ich von 4,5 Milliliter einfach nicht mehr hingegangen.

D.h., du hast den Entzug gemacht auf eigene Verantwortung?

Genau. Ich war vorher schon beim Arzt im Programm und als Neujahrsvorschlag für mich selber, habe ich mir gesagt: „Du gehst jetzt einfach nicht mehr zum Programm, ziehst den Entzug jetzt einfach so durch."

Wusstest du, was da auf dich zukommt, wie es ist, ohne Betreuung selbst zu entziehen?

Ja, ich hatte das ja vorher schon mal gemacht. Ich hatte schon mehrfach Entzug.

Wurde die Haftentlassung vorbereitet?

Ich wurde nicht auf die Entlassung vorbereitet. Es wurde ein Therapie-Antrag gestellt und dann ein Aufnahmetermin für die Therapie vereinbart. Das war in dem Sinn keine Entlassungsvorbereitung. Von dieser zweiten Haft bin ich in eine Fachklinik gegangen, nach Erftstadt-Liblar, wo ich dann meinen jetzigen Partner kennengelernt habe.

Und wie war die Therapie? Wie sieht eine sinnvolle Behandlung aus? Was machen die mit euch in so einer Fachklinik?

Wie gesagt, meine erste Therapie habe ich nach zwei Wochen abgebrochen und bin zurück in Haft. Beim zweiten Mal war ich in Liblar. Da werden von morgens bis mittags verschiedene Arbeiten gemacht. Da gibt es die Gartenarbeit, da gibt es den Hausmeister, dann gibt es noch die Küche, dann noch eine Werkstatt und eine Fahrradwerkstatt. Außerdem geht man täglich in Mal- und Bastelkurse und nachmittags finden meistens Gruppentherapien statt. Es gibt vier verschiedene Gruppen dort, in denen Gespräche geführt werden. Und man ist einem Therapeuten zugeteilt, mit dem hat man ein bis zweimal die Woche Einzelgespräche. Du kannst auch Besuch erhalten. Was es auch gibt, ist Sporttherapie, da hat man dann ein, zwei Mal die Woche Sport, um sich zu bewegen und körperlich fit zu werden.

Ist man dort eingesperrt?

Nein, also man hat da ein Zimmer, meistens mit jemandem zusammen. Ich war alleine, weil ich es nicht mit jemandem auf dem Zimmer aushalte. In den ersten Wochen ist man eingesperrt, weil man halt nicht rausgehen darf. Nach zwei Wochen darfst du da mit zwei Begleitpersonen raus und so musst du dir das erarbeiten, bis du dann irgendwann alleine raus darfst.

Was sind die Methoden, mit der eine Therapie-Einrichtung versucht, dich von den Drogen wegzubekommen?

Die Therapeuten versuchen, durch Gespräche aufzuarbeiten, was in der Vergangenheit bei einem passiert ist. Man spricht, um dann herauszufinden, warum man überhaupt zu den Drogen gekommen ist, wie es überhaupt zu der ganzen Geschichte gekommen ist. Und wenn man herausgefunden hat, wie es dazu gekommen ist, versucht man, daran zu arbeiten.

Hattest du irgendein Erlebnis, das dir geholfen hat in der Therapie, von dem du sagst: „Wow, das hat mir wirklich die Augen geöffnet und mir eine andere Sicht auf die Dinge ermöglicht"? Gab es so ein Schlüsselerlebnis?

Die haben mich am Ende auch gefragt, wie weit mir die Therapie geholfen hat. Da habe ich gesagt, dass es für mich nur verschenkte Zeit war. Da gab es keinen Lichtmoment. Das einzige, was mich da wirklich gehalten hat, war, dass ich meinen Partner dort kennengelernt habe. Das ging auch relativ schnell. Nachdem wir uns eine Woche kannten, sind wir zusammengekommen. Ich wollte mehrfach abbrechen, aber der hat mich immer wieder dagehalten. Die Beziehung war für mich der einzige Lichtpunkt, dass wir etwas zusammen aufbauen.

Und das Durchhalten ist halt auch eine Leistung und dadurch bekommt man Türen geöffnet. Richtig?

Klar, Durchhaltevermögen ist ganz, ganz wichtig und auch der Wille, dass man das überhaupt will. Sonst kann man Entzug und Therapie nicht durchhalten.

Und wie siehst du den Gefängnisaufenthalt?

Also Gefängnisse müssen schon sein für gewisse Straftaten. Jedoch sollten die Personen dann auch Hilfsangebote in der Haft erhalten. Ich gehe jetzt einfach mal davon aus, ein Mörder, der soll nicht einfach seine 15 Jahre da blöd absitzen, in einer Zelle eingesperrt. Einsperren bringt nix. Damit ist der Person im Knast nicht geholfen und auch dem Opfer nicht. Resozialisierung in Haft, das behaupten alle – ist aber nicht. Wegsperren ist eigentlich unnötig. Man sollte den Leuten viel mehr Therapieangebote machen und ihnen helfen, dass sie nicht mehr straffällig werden. Dieses Einsperren ist halt einfach der falsche Weg, um den Leuten zu helfen, straffrei zu bleiben und drogenfrei zu bleiben. Das bringt einfach nichts, jemanden wegzusperren, wenn ihm nicht gleichzeitig geholfen wird. Vor allem, wenn man dann aus der Haft einfach in die Obdachlosigkeit entlassen wird, was halt oft passiert.

Stell dir vor, du bist jemand, der Einfluss hat in unserer Gesellschaft. Was würdest du gegen Obdachlosigkeit tun?
Also ich finde Obdachlosigkeit ganz schlimm. Es gibt zwar Angebote, wo sie schlafen können – in Mönchengladbach z.B. gab es eine Station für Frauen, aber da waren nur sechs Plätze. Alles andere war für Männer. Es gibt einfach viel zu wenig Unterkünfte und zu wenig Hilfsangebote. Ich würde zusehen, dass viel mehr Wohnungen gebaut werden, deren Miete nicht zu hoch ist, damit sich das auch jeder leisten kann. Dann müsste kein Mensch in Deutschland obdachlos sein.

Du bist jetzt 27 Jahre alt und hast schon so manche Erfahrungen gemacht, sowohl innerhalb als auch außerhalb des Gefängnisses. Was hat dich am Ende therapiert? Was hat dich dazu gebracht, dass du heute da bist, wo du bist und worauf du stolz sein kannst: Du hast eine Wohnung, du hast eine feste Beziehung, du hast eine Arbeit. Was hat dich eigentlich wieder so auf die sogenannte Spur gebracht?
Das ist ganz einfach zu beantworten. Mein Partner hat mir die Kraft gegeben, mein Leben zu ändern. Der hat früher als Hausmeister in einer Firma für Gebäudemanagement gearbeitet. Sein Chef hat alles mit dem durchgemacht, Haft, Entgiftung, Therapien und, und, und. Als ich aus meiner Therapie kam, bin ich bei meinem Partner mit in die Einzimmerwohnung eingezogen und habe ebenfalls in der Firma als Reinigungskraft angefangen. Die Wohnung war natürlich zu klein für zwei Leute. Wir sind bald darauf im selben Haus in eine größere Wohnung gezogen. Die hat unser Chef für uns gemietet und uns untervermietet. Mir hat mein Partner geholfen und ihm und uns zusammen hat unser Chef geholfen.

Inzwischen hast du mit deinem Freund eine gemeinsame Wohnung. Die verdankt ihr seinem Arbeitgeber. Dieser Unternehmer sorgt dafür, dass seine Mitarbeiter nicht nur in Lohn und Brot sind, sondern auch ein Dach über dem Kopf haben. Und du bist jetzt auch in der Firma tätig?
Aufgrund von Corona konnte er nicht alle Angestellten behalten. So habe ich leider den Hausmeister- und Reinigungsjob verloren. Danach habe ich einige Zeit mit dem Fahrrad Medikamente für Apotheken ausgeliefert. Das habe ich aber nur kurze Zeit gemacht. Da

kamen weniger Stunden als besprochen zusammen und so habe ich zu wenig verdient. Dann habe ich da gekündigt. Dann war ich knapp neun Monate arbeitslos. Nach vielen Bewerbungen, wo ich ein „Nein“ bekommen habe, arbeite ich jetzt in einer Obstfirma. Die packen Obstkisten für Schulen und Kindergärten. Und der Chef hat gesagt: „Ist mir doch egal, ob du vorbestraft bist oder sonst was. Was du privat gemacht hast, interessiert mich null. Hauptsache, du kannst arbeiten, machst deine Obstkisten fertig und gut ist“. Ja, und da bin ich sehr froh, so einen tollen Chef gefunden zu haben, der mich trotz meiner Bestrafung eingestellt hat. Es war extrem schwer, mit der Vorstrafe eine Arbeit zu finden.

Aktuell werden gerade viele Arbeitskräfte gesucht, das kann für dich eine Chance sein. Es gibt Menschen, die viel älter sind als du und eine Weiterbildung machen. Vielleicht hast du ja selber eine Idee, in welche Richtung das gehen könnte?
Anfangs wollte ich Schreinerin oder Maler/Lackiererin werden. Das hat sich aber in den letzten fünf, sechs Jahren geändert. Ich würde gerne Tierpflegerin werden. Ich habe einen Hund gehabt und habe jetzt aktuell zwei Katzen. Ich wollte immer im Zoo arbeiten, eine Ausbildung als Tierpflegerin machen. Mit Tieren bin ich einfach super. Ich bin froh, wenn ich den Tieren helfe. Das geht nicht mal ums Kuscheln, Streicheln mit den Tieren oder so was, sondern es geht einfach darum, dass ich was Gutes für die Tiere tun kann, denen Futter geben kann, die Gehege sauber machen kann, dass die es schön haben, obwohl die in Gefangenschaft leben.

Ich würde dir gerne Mut machen, denn ich denke, das ist nicht unmöglich. Es ist bestimmt gut, was du aktuell machst. Es ist aber auch gut zu wissen, was man eigentlich will. Vielen Dank, Kathi, dass du so offen warst. Man sieht an dir, dass weder Obdachlosigkeit noch Gefängnis eine Sackgasse sein muss.

Therapie statt Strafe, § 35 BtMG

Betäubungsmittelabhängige Straftäterinnen und Straftäter werden oft kriminell, um sich Suchtmittel zu beschaffen. Damit sich dieses nicht wiederholt, gibt es die Möglichkeit, anstelle der Haft eine Behandlung in einer anerkannten suchttherapeutischen Einrichtung anzutreten, wenn die abgeurteilte Tat aufgrund einer Drogenabhängigkeit begangen worden ist. Eine Therapie nach § 35 BtMG kann bei allen Betäubungsmittelabhängigkeiten (außer Alkohol) beantragt werden. Stimmt das Gericht zu, wird die Haftzeit zugunsten der Drogentherapie zurückgestellt. Auf einen Therapieabbruch oder einen Rückfall, erfolgt unmittelbar der Haftantritt. Nach erfolgreicher Therapie wird der Rest der Strafe von der Vollstreckungsbehörde zur Bewährung ausgesetzt.

JVA Willich – Konzept ZaRa: Zusammen am Richtungswechsel arbeiten!

Die behandlungsorientierte Abteilung ZaRa in der JVA Willich bietet 18 Haftplätze in Einzelhafträumen für Suchtmittelabhängige. Das Wohngruppenkonzept bietet ein Umfeld, in dem sich der Umgang mit Konflikten, Grenzen, Gefühlen einüben lässt, sowie Kommunikations- und Verhaltensstrategien neu ausgerichtet werden können.

Liebigstraße, August 2023 – Erinnerungen an Rosi. Zeichen der Trauer um eine Obdachlose.

Fazit

Was bleibt nach der Lektüre von Einzelschicksalen, die beschreiben, wie Menschen aus sozialen Zusammenhängen gerissen wurden oder herausfallen? Viele schliddern von der Straße in Haft und zurück. Diese „Drehtüreffekte“ lassen sich verhindern durch haltgebende Strukturen, durch Menschen und durch eigenen Wohnraum. Das ist hinlänglich bekannt. Doch aus der umfangreichen Kenntnis der Lage folgt in der Praxis wenig. Damit sich etwas ändert, müssen Politik und Verwaltung ins Handeln kommen, Entscheidungen treffen und umsetzen.

Will man bestimmte Gruppen nicht auf innerstädtischen Plätzen sehen, muss man ihnen wenigstens Alternativen anbieten. Beklagt man sich über Kot und Urin auf der Straße, wären kostenfreie Toiletten eine gute Lösung, von der alle profitieren würden. Brauchen wir analog zum Kältedienst ein Einsatzteam an Hitzetagen? Das wäre eine Maßnahme, um die Überlebensbedingungen obdachloser Menschen verbessern. Parallel dazu müssen kurzfristig Unterbringungsmöglichkeiten geschaffen werden: Von der Umnutzung von Gewerbeimmobilien, über die Beschlagnahmung von Leerstand und das Entwickeln von Standorten für Container oder Leichtbauten, bis gemäß des langfristigen Ziels, die Obdachlosigkeit abzuschaffen, ausreichend Wohnungen errichtet sind, die sich alle leisten können.

Juli 2023, Minoritenstraße

Was können wir tun? – 15 Forderungen

Alternative Strafkonzepte

Der harte Freiheitsentzug taugt nicht bei Regelverstößen aufgrund von sozialer Not wie Ladendiebstahl, Kleindealerei und Leistungserschleichung. Gemeinnützige Arbeit statt Ersatzfreiheitsstrafe und Möglichkeiten, Geldstrafen zu tilgen, müssen ausgebaut werden.

Keine Entlassung in die Obdachlosigkeit!

Nach dem Strafvollzug oder nach einer Langzeittherapie eine bezahlbare Wohnung zu bekommen, ist nahezu unmöglich. In Fällen vorübergehender Abwesenheit muss dem Wohnungsverlust vorgebeugt oder für eine Unterbringung nach der Entlassung gesorgt werden.

Abfedern von Übergängen

Insbesondere vor der Haftentlassung muss sichergestellt sein, dass ein Ausweis und ggf. Bürgergeld beantragt wurde und die Krankenversicherung geklärt ist. Engmaschige Betreuung und intensive Beziehungsarbeit geben Halt geben und unterstützen bei der Neuorientierung.

Altersarmut verhindern

Die Konkurrenz um bezahlbare Wohnungen wird sich zu Lasten von Geringverdienern und alten Menschen, besonders Frauen, weiter verschärfen. Wir brauchen Konzepte, die verhindern, dass niedrige Renten und steigende Mieten zu einer Massenobdachlosigkeit von alten Menschen führt.

Mehr Schutz vor Gewalt gegen Frauen

Das Gewalthilfegesetz schreibt den kostenfreien Rechtsanspruch auf Schutz und Beratung für gewaltbetroffene Frauen und Mädchen fest. Besonders Frauen mit Substanzabhängigkeit oder psychischen Problemen sind oft Opfer von Gewalt. Sie brauchen sichere Rückzugsorte.

Auskömmliche Finanzierung und Verstetigung der Förderung sozialer Projekte

Frauenberatungsstellen, Mutter-Kind-Einrichtungen, Gewaltprävention – viele soziale Projekte sind für Mieten und Personalkosten auf Zuschüsse angewiesen. Diese Infrastruktur ist für den Zusammenhalt in der Gesellschaft essenziell und muss gefördert werden.

Geschlechtergerechte Hilfsangebote

Um Gewalterfahrungen Rechnung zu tragen, sollte es für Männer und Frauen getrennte Beratungs- und Anlaufstellen geben. Das gilt insbesondere für nächtliche Unterbringung. Idealerweise werden sprachliche und soziale Hintergründe von Migrantinnen berücksichtigt.

Ausbau von Konsumräumen

Konsumräume bieten heroingebrauchenden Menschen sterile Nutzungsbedingungen, menschliche, medizinische und sozialarbeiterische Zuwendung – und nicht zu vergessen Toiletten und Waschgelegenheiten. Sie sollten auch abends und am Wochenende geöffnet sein.

Auffangräume für schwerstabhängige Crack-User

In Drogenkonsumräumen fehlen Aufenthaltsmöglichkeiten für Crack-User. Ihre Suchtkrankheit hat ein anderes Tempo. Sie brauchen eine Anlaufstelle, die Essen und Trinken und einen Sanitätsdienst für den Notfall bietet.

Keine Verdrängung aus dem öffentlichen Raum

Immer mehr Sitzgelegenheiten in der Stadt sind mit einem gastronomischen Verzehrzwang verbunden. Wenn Ordnungskräfte Obdachlose und Drogenkranke von dort wegschicken, braucht es Plätze und Räume, wo sie sich stattdessen unbehelligt aufhalten können.

Rahmenbedingungen für Bauen und Wohnen ändern

Es braucht einen starken gemeinnützigen Bausektor. Anreize könnten Steuervergünstigungen für die Bauträger bilden, die für günstigen Wohnraum sorgen. Diejenigen, die Flächen oder Immobilien aus Spekulationsgründen ungenutzt halten, sollten mit höheren Abgaben belegt werden.

Ausbau von Housing First Angeboten

Wohnen ist die wesentliche Basis, um mit den Herausforderungen des Lebens zurecht zu kommen und um soziale Probleme zu bewältigen. In Köln haben es auf diesem Weg bisher 23 Menschen in ein geregeltes Leben geschafft. Es braucht viel mehr entsprechende Angebote!

Hilfen für den Zugang zur Hilfe

Wo ist was zu beantragen? Welche Papiere werden gebraucht? Was steht in dem Bescheid genau drin? Selbsterklärend ist das, was allen rechtlich zusteht, nicht. Schon einfache Sprache wäre eine Hilfe bei Behördenkontakten, ebenso Lotsen, die das Dickicht der Regeln und Hilfen erschließen.

Einbindung von Peers

Ehemalige Wohnungslose und/oder genesene Psychiatriepatienten und Substanzabhängige sollten nach einer Ex-In-Weiterbildung als Expert*innen und Bezugspersonen eingebunden werden. Peers haben sich Problemlösungskompetenzen erarbeitet und genießen Respekt und Glaubwürdigkeit.

Investitionen in gesellschaftliche Resilienz

Die Auswirkungen unserer Lebensweise auf den Einzelnen und die Gesellschaft sind gut erforscht – ebenso wie die Maßnahmen, die es bräuchte, um mentale Gesundheit und soziale Fähigkeiten zu stärken. Diese Schutzfaktoren sollten genauso gefördert werden wie kognitive Kompetenzen.

August 2022, Hohenzollernring

Wir sperren Menschen ein.

Christiane Niesel hat durch die Interviews, die sie mit Frauen, die auf der Straße leben, gemacht hat, auf besondere Weise Einblick in deren Lebensverhältnisse gewonnen. Im folgenden ihr ernüchterndes Resümee:

Alle Justizvollzugsanstalten, die Gesetzgeberinnen, Juristinnen, der Staat, das gesellschaftliche Narrativ, also alle die, die es richtig finden, Menschen in kleine Zellen einzuschließen und sie dort stunden-, tage-, wochen- und vor allem nächtelang einsperren und sie so zu bestrafen, beteiligen sich nach meiner Einschätzung an einem Unrechtssystem. Menschen in eine kleine Zelle zu sperren, ist menschenunwürdig, selbst Hühner haben mittlerweile verhältnismäßig mehr Platz als eine deutsche Strafgefangene. Eingesperrt zu sein bedeutet, auf kleinstem Raum über Stunden und Tage auszuharren, womöglich noch mit anderen Inhaftieren zu leben. Im Gefängnis haben die Menschen ihre Selbstbestimmung an der Kammer abgegeben.

Bei einem Großteil der Straftaten geht es um das Thema Sucht. Die meisten Inhaftierten sind suchtkrank und deren Straftaten sind die Folgen ihrer Sucht. Jede Zehnte in Haft verbüßt eine Ersatzfreiheitsstrafe, weil sie das Geld für die Strafe nicht aufbringen kann. Nur ein geringer Teil, Gewaltverbrecher, Mörder, oder Vergewaltiger müssen vor der Gesellschaft weggesperrt werden. Aber wem nützt es eigentlich, Menschen einzusperren, die zu wenig Geld haben, um die Geldstrafen zu bezahlen? Der Staat zahlt drauf und für die Inhaftierten bedeutet das ein Knick in ihrer Biografie.

Es ist davon auszugehen, dass Gefängnismauern sich stark auf die Persönlichkeit der Inhaftierten auswirken. Viele Menschen kommen als zerbrochene und zurückgezogene Persönlichkeiten aus der Haft und haben Schwierigkeiten im Umgang mit der Freiheit „draußen". Die Suizidrate ist in Haft um ein Vielfaches höher als draußen und besonders gefährdet sind Inhaftierte, wenn sie nach ein paar Tagen unter Haftschock stehen oder eine Haftpsychose bekommen, d.h. Halluzinationen, Wahnvorstellungen, Bedrohungs- und Verfolgungsgefühle, schwere Ängste, Verwirrtheit und eben auch Suizidgedanken. Kein Zufall – es ist also die Aufgabe von Vollzugsbeamten, die morgendlichen Lebenszeichen-Kontrollen durchzuführen. Gerade traumatisierte Menschen, die oft bereits vor ihren eigenen Gewaltausbrüchen Gewalt erfahren haben, sollten Therapien machen können und nicht in einen engen Raum gesperrt werden. Suchtkranke haben eigentlich nichts im Strafvollzug zu suchen, und doch ist der überwiegende Teil der Insassen süchtig.

Zudem sind ein Großteil der Inhaftierten mittellos, sie können sich nicht aus einer Geldstrafe herauskaufen, einer

Strafe fürs Schwarzfahren, Fahren ohne Führerschein oder kleine Diebstähle. Diese Menschen kennen auch niemanden, der das Geld hätte, sie freizukaufen. Nicht wenige dieser Inhaftierten sind zusätzlich obdachlos und bewegen sich seit Jahren zwischen Straße und Strafen. Im Prinzip sind Gefängnisburgen unsere Armenhäuser für Suchtkranke. Wie kann es sein, dass der Staat Menschen für ein Bagatell-Delikt mit Freiheitsentzug bestraft und dafür zweistellige Millionenbeträge in Kauf nimmt, anstatt aus einer Straftat eine Ordnungswidrigkeit zu machen oder den Haftaufenthalt durch gemeinnützige Arbeit zu ersetzen?

Schwarzfahren wird oft als moralisch verwerflicher gesehen als Geschwindigkeitsüberschreitung im Straßenverkehr. So finden es viele auch richtig, dass Geld in den Gefängnisaufenthalt „investiert" wird, um den Leistungserschleicher-Innen einen Denkzettel zu verpassen. Immerhin wird das Fahren ohne Ticket in einigen Kommunen wie Düsseldorf oder Köln seit 2024 nicht mehr angezeigt. Und auch die Ersatzfreiheitsstrafe ist in diesem Jahr durch den Bundesjustizminister etwas entschärft worden, da jetzt weniger Hafttage auf die Geldstrafen angerechnet werden.

Die Frage, die sich beim Thema „Knast" als erstes stellen sollte: Kann sich eine Inhaftierte, die unter diesen Bedingungen leben muss, eigentlich bessern? Ist also der Freiheitsentzug ein probates Mittel, um jemand positiv zu verändern? Es gibt sogar Stimmen, wie z.B. der Jurist Thomas Galli, ehemaliger Gefängnisdirektor in Straubing und Torgau, die behaupten, ein Gefängnisaufenthalt macht StraftäterInnen eher noch gefährlich.

Es ist nicht in Abrede zu stellen, dass es in der Haft nützliche Dinge für Inhaftierte gibt: Sie können Schulabschlüsse, Ausbildungen machen und es gibt natürlich auch Arbeit in Wäscherei, Schneiderei, Schreinerei und Holz-Metallwerkstätten und natürlich in der Küche. In Köln-Ossendorf ist etwa ein über mehrere Etagen sich erstreckender „Friseursalon" hervorzuheben. Gefängnisse sind eine Stadt in der Stadt, aber ein wesentlicher Aspekt fehlt: Es gibt keine Natur, keine Landschaft, kein Wald, Wasser, Flüsse, Seen, Bäche, Steine, Frühlingsanfang oder Herbstfarben, Windgeräusche, Wolken – das alles fehlt. Das alles erleben Inhaftierte nicht, obwohl es wichtig wäre für das individuelle Gleichgewicht und die Resozialisierung. Das nach meinem Dafürhalten Wichtigste im Leben fehlt: der Kontakt zur Natur.

Das Leben hinter Gittern stellt eine Unmöglichkeit dar. Einerseits sollen die Inhaftierten resozialisiert aus der Gefangenschaft kommen, andererseits soll sich ja niemand dort wohlfühlen. Wo käme die Gesellschaft hin, wenn Menschen deshalb straffällig würden, weil es im Knast so gemütlich ist? Aber kann sich eine Strafgefangene entwickeln in meist eiskalter Grotten-Atmosphäre und oft unerträglichen Geräuschkulisse? Türen fallen laut ins Schloss, überall Gezeter, Schreie über den Hof, Schreie in der Nacht.

Öde auch die Höfe der Anstalten. Sie sind leer, unansehnlich und kalt. An ein Naturerlebnis im Innenhof einer JVA ist nicht zu denken. Ein Totschlagargument, dass dort Drogen geschmuggelt würden und aus jedem Holz werde schnell ein Knüppel. Hühner etwa wären ein positiver Impuls für die Inhaftierten und die Küche hätte hauseigene Eier. Es wird auch oft untersagt, Wildtiere zu füttern. In einigen Gefängnisse gibt es zwar Therapiehunde, die die Gefangenen treffen oder auch selber ausbilden, aber das ist es schon.

Nur in wenigen Anstalten gibt es eine humane Telefonregelung aus der Zelle. In den meisten Einrichtungen gibt es kaum Möglichkeiten zu telefonieren oder nur sehr restriktiv. Oder das Thema „Duschen". Es fällt immer wieder auf bei Gesprächen, wenn ständig davon gesprochen wird, wie oft wöchentlich in welcher Haftanstalt geduscht werden durfte. Durch den öden Knastalltag erhält der Duschgang eine ungemein große Rolle – vielleicht ist das Wasser Ersatz für das fehlende Naturerlebnis. In den niederländischen Hafthäusern gibt es übrigens keine Duschbeschränkungen.

Die Zeit in Haft scheint oft eine sinnentleerte Zeit zu sein, die dazu führt, dass die Inhaftierten nach Haftaufenthalt ein lebenslanges Makel tragen, mitunter ihren Arbeitsplatz, schlimmstenfalls auch ihre Wohnung; Freunde und Familie verloren haben, mit anderen Worten, ihr Leben neu anzählen müssen und das bei bestehender Suchtproblematik und ohne hinreichende Hilfe.

Christiane Niesel

[Es geht um Frauen, darum wird hier bevorzugt das generische Femininum verwendet. Männer sollen sich angesprochen fühlen, wenn sie auch gemeint sind.]

Oktober 2024, Breite Straße

März 2024, Neumarkt

Und das ist noch nicht alles:
Barber Angels: Professionelle Friseur:innen bieten Haar- oder Bartschnitt für obdachlose Menschen an und möchten ihnen so ein Stück Würde und Selbstwertgefühl zurückzugeben.

Fußpflege: Eine professionelle Fußpflegerin kommt ebenfalls regelmäßig für kostenlose Fußpflege bei obdachlosen Menschen.

TIEMO: Ein weiteres Angebot ist TIEMO, ein mobiles tierärztliches Angebot, monatlich an der MülHEIMer Arche, das vom Herzensangelegenheiten e.V. organisiert wird.
Es ermöglicht obdachlosen Menschen die Versorgung ihrer Hunde – oft die einzigen verlässlichen und emotional bedeutenden Begleiter im Leben auf der Straße.
Darüber hinaus unterstützt der Verein andere gemeinnützige Vereine aus Köln und dem Umland, die sich ausschließlich um wohnungs- und obdachlose Menschen kümmern.
Diese können Projektförderung beantragen.

Die Arche für Obdachlose e.V. steht für zivilgesellschaftliches Engagement, das jenseits großer Strukturen dort ansetzt, wo Not konkret sichtbar ist. Sie verbindet professionelles Handeln mit Menschlichkeit, Solidarität und dem festen Willen, niemanden auf der Straße zurückzulassen – weder heute noch morgen.

Spendenkonto:
Arche für Obdachlose
Kreissparkasse Köln
IBAN: DE37 3705 0299 0000 6920 36

Arche für Obdachlose e.V.
Postfach 130234, 50496 Köln
Mail: info@arche-obdach.org
Tel: 01512 10788840
Internet: www.arche-obdach.org
Instagram: arche_fuer_obdachlose_ev
Facebook: arche für obdachlose e.V.

Mülheimer Arche
Bergischer Ring 40
(Nähe Wiener Platz)

Sie möchten Hilfe leisten, sich engagieren oder weiter informieren?

Sie möchten Hilfe leisten, sich engagieren oder weiter informieren? Wir empfehlen Ihnen diese Seiten als Einstieg:

Eine gut strukturierte Seite, die umfassend über Angebote für wohnungslose Menschen in Köln informiert. Von Kontakt- und Beratungsstellen über Essen & Trinken, Seelsorge, Notschlafstellen, Kleiderkammern, medizinische Hilfe bis zu Möglichkeiten, wo man sein Handy aufladen kann.
https://www.wohnungslos-in-koeln.de/

Hilfreiche Adressen und Informationen findet man zudem auf diesem Stadtplan der **Katholischen Hochschule**, den es sowohl online als auch in gedruckter Form gibt. Die Adressen sind unterteilt nach Angeboten für den Tag, für die Nacht, für Jugendliche und junge Erwachsene und drogengebrauchende Menschen.
https://katho-nrw.de/fileadmin/media/News-Bilder/katho-News/2023/Stadtplan-Infos-Angebote-bei-Obdachlosigkeit-in-Koeln.pdf

Für Angebote für Frauen in unterschiedliche Bedarfslagen ist der **Sozialdienst katholischer Frauen** die richtige Adresse. Hier finden psychisch kranke Frauen, wohnungslose Senior*innen, Frauen mit Pflegebedarf, solche, die selbständig leben wollen oder im Alltag Unterstützung benötigen Hilfe und Unterkunft. Der SkF e.V. unterhält das Café Auszeit, eine Kontakt- und Beratungsstelle für Frauen sowie das Comeback, eine Notschlafstelle für obdachlose Mädchen und Frauen.
https://www.skf-koeln.de/angebote/wohnungslos/uebersicht/

Die **Initiative Freiheitsfonds** wurde 2021 von dem Journalist und Aktivist Arne Semsrott gegründet. Sie kauft Personen aus dem Gefängnis frei, die wegen „Fahren ohne Fahrschein" eine Ersatzfreiheitsstrafe absitzen. Es handelt sich zumeist um Erwerbs- und Obdachlose sowie Geringverdiener, die nicht in der Lage sind, ihre Strafen zu bezahlen. Die Kosten des Haftaufenthalts stehen in keinem Verhältnis zu dem gesellschaftlichen Schaden. Somit hilft die Initiative nicht nur den Betroffenen, sondern erspart dem Justizvollzugswesen Ausgaben in Milllionenhöhe.
https://freiheitsfonds.de/

März 2024, Neumarkt

Die Autorinnen

Christiane Niesel

geboren 1967 in Westfalen hat in den 90ger Jahren in Köln, London und Münster Geographie studiert. Sie ist Teil von sozialen Bewegungen gegen Obdachlosigkeit, für Soziale Gerechtigkeit und im Naturschutz aktiv. Christiane spielt, singt und lebt ihr politisches Engagement im dem bundesweiten Musiknetzwerk Lebenslaute und in Köln in festen Bands wie dem Menschensinfonieorchester, Jua – Reaggae, Folk und in der Rockbandformation Merry Much.

Petra Metzger

geboren 1962 in Köln, studierte Kunstgeschichte und Pädagogik. Als Gründungsmitglied von Stattreisen Köln und hat sie in Führungen und Seminaren die Innenstadt und zahlreiche Stadtteile erkundet. Ihre Köln-Kenntnisse nutzt sie heute vorwiegend publizistisch. Sie ist Mitglied der Arche für Obdachlose und war dort zeitweilig als Vorstand tätig.

März 2024, Neumarkt

Danksagung

Wir bedanken uns bei allen Frauen, die uns Einblick in ihre Lebenssituation gewährt haben. Weiterer Dank gilt Klaus Jünschke, auf dessen Anregung das Buch zurück geht. Für den inhaltlichen Austausch und weiterführende Gedanken bedanken wir uns bei Mona Clouth, Leyla Kocan, Bram Gätjen, Tanja Berger-Euler, Petra Hastenteufel, Nils Grote, Gabriele Kux und dem „Sozialdienst katholischer Frauen" (SkF).

Vielen Dank auch an Heribert Prantl, der uns seinen Text (Anstelle eines Vorworts) überlassen hat und an die Künstlerin Iris Stephan (https://www.iris-stephan.de), deren Objekt aus ihrer Reihe „Zuchthäuser" wir als Titelfoto verwenden durften.

Juli 2025, Ehrenfeld

Sponsoren

Besonderer Dank den Sponsoren, durch deren finanzielle Unterstützung das Buch erst möglich wurde, u. a. Michael Horbach, Franz Meurer, Hans Mörtter, Reimar Molitor, Roland Schüller, Jochen Stankowski, Wolfgang Uellenberg van Dawen.

Dank insbesondere der Stiftung „Frauen*leben", der „Bethe-Stiftung" sowie der „Arche für Obdachlose" für ihre großzügige Beteiligung. Informationen zu ihrer Arbeit in den entsprechenden Anzeigen in diesem Buch.

Diese Veröffentlichung ist keine kommerzielle Produktion. Überschüsse dienen der Arbeit des OMZ „Obdachlose mit Zukunft e.V."
https://www.omz.koeln

Zuschüsse/Spenden/Beiträge sind immer willkommen auf das Konto des OMZ bei der Sparkasse KölnBonn
IBAN DE 56 3705 0198 1901 2611 96

August 2023, Neumarkt

Weitere Bücher zu gesellschaftlichen Themen erschienen im Weissmann Verlag

Weissmann
Verlag

Ratschläge – Gegen Wohnungsnot und Stadtzerstörung in Köln

Das Buch gegen Wohnungsnot und Stadtzerstörung in Köln – Armut, Obdachlosigkeit und Wohnungsnot. Dieses Buch erzählt aber auch von Alternativen: Selbsthilfe, Hausbesetzung, von alten Siedlergemeinschaften und Neuer Arbeit.

Herausgeber: MachMit e.V.
Autoren: Klaus Jünschke, Rainer Kippe, Martin Stankowski
ISBN: 978-3-949168-01-7
€ 8,00

Gefangen & Wohnungslos – Gespräch mit Obdachlosen in Köln

Aus den Erzählungen von Häftlingen über die Gründe, die zur Inhaftierung führten, aus den Berichten über die Haftsituation und die Zukunftsaussichten ist das Buch „Gefangen & Wohnungslos“ entstanden. Es informiert die Öffentlichkeit über eine soziale Notlage, deren Behebung längst überfällig ist.

Autor: Klaus Jünschke
ISBN: 978-3-949168-10-9
€ 25,00

www.weissmann-verlag.de